Tantra

Espiritualidade e Sexo

Osho

Tantra
Espiritualidade e Sexo

Tradução:
Nisargan

Copyright© 1977, Osho International Foundation, <www.osho.com/copyrights>
© 2025, Madras Editora Ltda.
Todos os direitos reservados.
Título original em inglês: **Tantra, Spirituality and Sex**.
Direitos de edição e tradução para todos os países de língua portuguesa.
O conteúdo deste livro são trechos selecionados de *The Book of Secrets*, uma série de palestras dadas por Osho a uma plateia ao vivo. Todas as conversas de Osho foram publicadas na íntegra como livros e também estão disponíveis como gravações de áudio originais. As gravações de áudio e o arquivo de texto completo podem ser encontrados por meio da Biblioteca OSHO on-line em www.osho.com.
OSHO® é uma marca registrada da Osho International Foundation, <www.osho.com/trademarks>.

Editor:
Wagner Veneziani Costa (*in memoriam*)

Produção e Capa:
Equipe Técnica Madras

Tradução:
Nisargan

Revisão:
Jerônimo Feitosa
Neuza Rosa

**Dados Internacionais de Catalogação na Publicação
(CIP)(Câmara Brasileira do Livro, SP, Brasil)**

Osho
Tantra: espiritualidade e sexo/Osho; tradução Nisargan. – São Paulo: Madras Editora, 2025.
Título original: Tantra, Spirituality and Sex.

ISBN 978-65-5620-037-8

1. Autoajuda 2. Espiritualidade 3. Meditação
4. Tantrismo 5. Sexo – Aspectos religiosos
I. Título.

22-100015   CDD-294.543

Índices para catálogo sistemático:
1. Tantrismo: Religião   294.543
Aline Graziele Benitez – Bibliotecária – CRB-1/3129

É proibida a reprodução total ou parcial desta obra, de qualquer forma ou por qualquer meio eletrônico, mecânico, inclusive por meio de processos xerográficos, incluindo ainda o uso da internet, sem a permissão expressa da Madras Editora, na pessoa de seu editor (Lei n° 9.610, de 19/2/1998).

Todos os direitos desta edição reservados pela

MADRAS EDITORA LTDA.
Rua Paulo Gonçalves, 88 – Santana
CEP: 02403-020 – São Paulo/SP
Tel.: (11) 2281-5555 – 📞 (11) 98128-7754
www.madras.com.br

"O Tantra significa que você pode usar o sexo como um trampolim. E uma vez conhecido o êxtase do sexo, pode-se entender o que os místicos têm falado – um orgasmo maior, um orgasmo cósmico."

Osho

"Esta é a mais refinada contribuição no campo da sexualidade humana. Ao despedaçar nossas noções preconcebidas, Osho mostra que o próprio ato do amor é uma chave para o divino. Freud abriu para estudo o mundo da patologia sexual, Masters e Johnson o mundo do comportamento sexual normal, e agora, Osho nos traz o caminho do Tantra, onde o próprio sexo pode se tornar uma porta para a experiência religiosa mais profunda."

Leonard M. Zunin, M.D.
Psiquiatra, palestrador e autor do livro
Contact – The First Four Minutes

ÍNDICE

Introdução 11
1. Tantra e Ioga 13
2. Técnicas de Meditação: O Amor Tântrico 27
3. O Total Deixar Acontecer no Sexo 37
4. A Espiritualidade do Ato Sexual Tântrico 43
5. O Orgasmo Cósmico Através do Tantra 67
6. Tantra – O Caminho da Entrega 91
Apêndice Um (continuação) 111
Sobre Osho 113
Sobre o Resort de Meditação 117

Introdução

Neste, como em todos os muitos livros de Osho que leio, traduzo ou reviso, capto sempre uma poderosa mensagem: "É melhor vivenciar do que apenas acumular palavras!".

E nesta obra, *Tantra: Espiritualidade e Sexo*, Osho nos dá claras indicações sobre a maneira meditativa de vivenciar o sexo e a vida. Creio que nosso empenho deveria ser o de colocar nossa mente interpretativa de lado e captar a pureza das mensagens contidas neste livro, e aí, vivenciá-las... E isso acontecendo, o que mais precisaríamos?

Nisargan

TANTRA E IOGA

O sexo é a energia básica...
Para a Ioga, lute contra essa energia...
Para o Tantra, use-a, transforme-a!"

Muitas questões estão aqui. A primeira:

Osho, qual é a diferença entre a Ioga tradicional e o Tantra? Elas são iguais?

O Tantra e a Ioga são basicamente diferentes; eles alcançam o mesmo objetivo, mas os caminhos não são somente distintos, mas também contrários. Assim, isso precisa ser entendido muito claramente.

O processo da Ioga é também metodológico, Ioga é também técnica; ela não é filosofia. Da mesma forma que o Tantra, a Ioga também depende da ação, do método, da técnica. Na Ioga o fazer também leva ao ser, mas o processo é diferente. Na Ioga a pessoa precisa lutar; esse é o caminho do guerreiro. No caminho do Tantra o indivíduo não precisa lutar de modo algum; em vez disso, e pelo contrário, ele precisa se entregar, mas com consciência. A Ioga é supressão com consciência, e o Tantra é entrega com consciência.

O Tantra diz que não importa o que você seja, o supremo não é oposto a isso. Ele é um crescimento; você pode crescer – para ser o supremo. Não existe oposição entre você e a realidade; você é parte dela, então não são necessários luta, conflito ou oposição à natureza. Você precisa usar a natureza, usar tudo o que você é para ir além.

Na Ioga você precisa lutar contra si mesmo para ir além. Na Ioga são duas coisas opostas o mundo e o *moksha*, você como você é e você como você pode ser. Suprima, lute, dissolva aquilo que você é, de tal modo que possa atingir aquilo que você pode ser. Na Ioga ir além é uma morte; você deve morrer para o seu ser real nascer. Aos olhos do Tantra, a Ioga é um suicídio profundo; você deve matar o seu ser natural – seu corpo, seus instintos, seus desejos, tudo.

O Tantra diz: aceite-se como você é. Ele é uma profunda aceitação. Não crie uma lacuna entre você e o real, entre o mundo e o nirvana; não crie qualquer lacuna! Para Tantra, não existe lacuna; nenhuma morte é necessária. Para seu renascimento, nenhuma morte é necessária; em vez disso, uma transcendência. E para essa transcendência, *utilize* a você mesmo.

Por exemplo, o sexo existe, a energia básica – a energia básica pela qual você nasceu e com a qual você nasceu. As células básicas do seu ser, do seu corpo, são sexuais, então a mente humana gira em torno do sexo. Para a Ioga, lute contra essa energia, e por meio da luta, você cria um centro diferente em si. Quanto mais você luta, mais se integra em um centro diferente. Então, o sexo deixa de ser o seu centro.

Lutar contra o sexo – é claro, conscientemente – criará um novo centro de ser em você, uma nova ênfase, uma nova cristalização. Então, o sexo não será a sua energia. Você criará a sua energia ao lutar contra o sexo. Surgirá uma nova energia e um diferente centro: de existência.

Para o Tantra, use a energia do sexo, não lute contra ela. Transforme-a! Não pense em termos de inimizade; seja amigável com ela. Ela é *sua* energia; ela não é malévola, não é ruim. Toda energia é simplesmente neutra. Ela pode ser usada contra você ou pode ser usada para você. Você pode fazer dela uma obstrução, uma barreira, ou pode fazer dela um degrau; ela pode ser usada. Usada corretamente, ela se torna amiga; usada erroneamente, ela se torna sua inimiga. Ela não é nenhuma das duas; a energia é neutra.

Da maneira em que o ser humano comum está usando o sexo, ele se torna o seu inimigo, ele o destrói e você simplesmente se dissipa nele. A Ioga toma a visão oposta, oposta à mente comum. A mente comum está sendo destruída pelos seus próprios desejos; portanto, a Ioga diz para parar com os desejos, para não ter desejos! Lute contra os desejos e crie uma integração em você, a qual não tem desejos.

O Tantra diz para estar consciente dos desejos. Não crie nenhuma luta; mova no desejo com plena consciência. E quando isso acontece, você transcende o desejo, você está nele e, ainda assim, não está nele. Você passa por ele, mas permanece um forasteiro.

A Ioga agradou muito porque é exatamente oposta à mente comum; assim, a mente comum pode entender a linguagem da Ioga. Você sabe como o sexo o está destruindo, como ele o destruiu, como você fica girando em volta dele como um escravo, como uma marionete. Você sabe disso pela sua experiência. Portanto, quando a Ioga diz para lutar contra ele, você imediatamente compreende a linguagem. Esse é o apelo, o fácil apelo da Ioga.

O Tantra não poderia ser tão facilmente atraente. Ele parece difícil; como se mover no desejo sem ser subjugado por ele? Como estar no ato sexual conscientemente, com plena perceptividade? A mente comum fica com medo; ele parece perigoso. Não que ele seja perigoso: tudo o que você sabe sobre o sexo cria este perigo para você. Você se conhece, sabe como pode se enganar, sabe muito bem que a sua mente é ladina. Você pode se mover no desejo, no sexo, em tudo, e pode se enganar achando que está se movendo com plena consciência. É por isso que você sente o perigo. O perigo não está no Tantra, mas em você. E o atrativo da Ioga é devido a você, à sua mente comum, ao sexo suprimido, à privação do sexo, à mente que se entrega ao sexo.

Em decorrência da mente comum não ser saudável em relação ao sexo, a Ioga tem atrativo. Uma humanidade melhor, com um sexo saudável – natural, normal... Nós não somos normais e naturais, mas absolutamente anormais, não saudáveis, realmente insanos. Mas porque todos são como nós, nunca sentimos isso. A loucura é tão normal que não ser louco pode parecer anormal. Entre nós, um Buda e um Jesus são anormais, eles não nos pertencem. Essa normalidade é uma doença.

Essa mente "normal" criou o atrativo para a Ioga. Se você encarar naturalmente o sexo, sem nenhuma filosofia à sua volta, nem contra e nem a favor, se você encarar o sexo como você encara suas mãos e seus olhos, se ele for totalmente aceito como algo natural, então o Tantra terá atrativo e somente então poderá ser útil a muitos.

Mas os dias do Tantra estão chegando. Mais cedo ou mais tarde ele vai explodir pela primeira vez nas massas, pois pela primeira vez o tempo está oportuno – propício para encarar o sexo naturalmente. É possível que essa explosão venha do Ocidente, pois Freud, Jung e Reich prepararam o terreno. Eles nada sabem sobre o Tantra, mas criaram o terreno básico para o Tantra se desenvolver.

A psicologia ocidental chegou a uma conclusão de que a doença humana básica está em algum lugar ao redor do sexo, de que a insanidade básica do ser humano é orientada pelo sexo. Assim, a menos que essa orientação pelo sexo seja dissolvida, o indivíduo não pode ser natural e normal. O ser humano anda errado somente em razão de atitudes a respeito do sexo.

Nenhuma atitude é necessária – somente então você é natural. Que atitude você tem a respeito de seus olhos? Eles são malignos ou divinos? Você é a favor ou contra seus olhos? Nenhuma atitude! É por isso que seus olhos são normais. Tome alguma atitude, pense que os olhos são malignos, e então ver ficará difícil e tomará a mesma forma problemática que o sexo tomou. Então, você gostaria de enxergar, você desejaria e ansiaria enxergar. Mas quando você enxergar, se sentirá culpado; sempre que você enxergar você se sentirá culpado; você fez algo errado, você pecou e gostaria de matar o próprio instrumento da visão, gostaria de destruir seus olhos. E quanto mais você desejar destruí-los, mais se tornará centrado nos olhos. Então, você começará uma atividade muito absurda: cada vez mais você gostaria de ver, simultaneamente, se sentirá cada vez mais culpado. O mesmo aconteceu com o centro do sexo.

O Tantra diz para aceitar tudo aquilo que você é. Esta é a nota básica – aceitação total. E somente por meio da aceitação total você pode crescer. Então, use todas as energias que você tem. Como você pode usá-las? Aceite-as, e então descubra o que são essas energias. O que é o sexo? O que é esse fenômeno? Não estamos familiarizados com ele. Sabemos muitas coisas sobre o sexo que foram ensinadas por outros; podemos ter passado pelo ato sexual, mas com uma mente culpada, com uma atitude supressiva, com pressa, com precipitação. Algo precisa ser feito e descarregado. O ato sexual não é um ato amoroso, não ficamos felizes nele, mas não podemos abandoná-lo. Quanto mais você tentar abandoná-lo, mais atraente ele ficará; quanto mais você desejar negá-lo, mais você se sentirá convidado.

Você não pode negá-lo, mas essa atitude de negar e de destruir acaba destruindo a própria mente, a própria consciência e sensibilidade que podem compreendê-lo. Dessa maneira, sexo continua a existir sem nenhuma sensibilidade nele, e assim você não pode entendê-lo. Somente uma sensibilidade profunda pode entender algo; uma profunda sensação e uma profunda penetração nele podem entender alguma coisa. Você pode entender o sexo somente se entrar nele como um poeta anda entre as flores – somente então. Se você se sentir culpado em relação às flores, você pode passar pelo jardim, mas passa com os olhos fechados e estará com pressa – uma profunda pressa maluca. De algum modo você precisa sair do jardim. Então, como você pode ser perceptivo?

Portanto, o Tantra diz: aceite tudo o que você for – um grande mistério de muitas energias multidimensionais. Aceite, e se mova com cada energia com profunda sensibilidade, consciência, amor e compreensão. Mova-se com isso... então, cada desejo se torna um veículo para se ir além dele, cada energia se torna um auxílio, e este mesmo mundo é o nirvana, e este mesmo corpo é um templo, um templo sagrado, um lugar sagrado.

A Ioga é negação, o Tantra é afirmação. A Ioga pensa em termos de dualidade; daí a palavra "Ioga". Ela significa juntar, unir duas coisas. Mas duas coisas estão presentes, a dualidade está presente.

O Tantra diz que não há dualidade. Se houver dualidade, então não se pode juntá-las. E não importa o quanto se tente, elas permanecerão duas; não importa o quanto elas sejam unidas, elas permanecerão duas. E a luta continuará e o dualismo permanecerá. Se o mundo e o divino forem dois, então eles não poderão ser unidos. E se realmente eles *não* forem dois, e apenas aparentarem ser dois, somente então eles poderão ser unos. Se seu corpo e sua alma forem dois, então eles não poderão ser unidos; se você e o Deus forem dois, então não haverá possibilidade de uni-los; eles permanecerão dois.

O Tantra diz que não há dualidade; ela é apenas uma aparência. Assim, por que ajudar a aparência a crescer mais? O Tantra pergunta: Por que ajudar essa aparência de dualidade a crescer mais? Dissolva-a neste mesmo momento! Seja um! Por intermédio da aceitação você se torna um, e não através da luta. Aceite o mundo, aceite o corpo, aceite tudo o que for inerente a ele; não crie um centro diferente em você, pois, para o Tantra, esse centro distinto nada mais é do que o ego. Lembre-se, para o Tantra isso nada mais é do que o ego. Não crie um ego; simplesmente fique consciente do que você é. Se você lutar, o ego estará presente. Desse modo, é difícil encontrar um iogue que não seja egotista. É difícil! E os iogues podem ficar falando sobre a ausência de ego, mas eles não podem ter essa ausência. O próprio processo deles cria o ego; a luta é o processo. Se você lutar, fatalmente criará um ego. E quanto mais você lutar, mais fortalecido ficará o ego. E se você ganhar a luta, então alcançará o ego supremo.

O Tantra diz para não lutar! Assim, não há possibilidade de ego. Se você entender o Tantra, então haverá muitos problemas, pois, para nós, se não houver luta haverá apenas indulgência; para nós, a ausência de luta significa indulgência, e então ficamos com medo. Fomos indulgentes por muitas vidas e não atingimos coisa alguma. Mas, para o Tantra, indulgência não é a nossa indulgência. O Tantra diz: seja indulgente, mas seja consciente. Você está com raiva, e o Tantra não dirá para não ficar com raiva, e sim para ser raivoso, irrestritamente, mas esteja consciente! O Tantra não é contra a raiva, mas somente contra a dormência espiritual, a inconsciência espiritual. Seja consciente e seja raivoso. E este é o segredo do método, que, se você estiver consciente, a raiva é transformada; ela se torna compaixão.

Assim, o Tantra diz: não diga que a raiva é sua inimiga – ela é a compaixão em semente. A mesma raiva, a mesma energia, se tornará compaixão. Se você lutar contra ela, então não haverá possibilidade para a compaixão. Portanto, se você for bem-sucedido em lutar e suprimir, você será uma pessoa morta. Não haverá raiva, pois você a suprimiu, e não haverá compaixão também, pois somente a raiva pode ser transformada em compaixão. Se você for bem-sucedido em sua supressão – o que é impossível –, então não haverá sexo, mas também não haverá amor, pois com o sexo morto, não há energia para ser desenvolvida em amor. Dessa maneira, você ficará sem sexo, mas também sem amor. E assim, todo o propósito é perdido, porque sem amor não há divindade, libertação e liberdade.

O Tantra diz que essas mesmas energias precisam ser transformadas. Pode ser dito desta maneira: se você for contra o mundo, então não haverá nirvana, pois este mesmo mundo tem que ser transformado em nirvana. Assim você fica contra sua energias básicas, que são as fontes. Portanto, a alquimia do Tantra diz para não lutar; seja amigável com todas as energias que lhe foram dadas, dê as boas-vindas a elas, sinta-se grato por você ter raiva, sexo e ganância; sinta-se grato, pois essas são as fontes ocultas, e elas podem ser transformadas e expostas. E quando o sexo é transformado, ele se torna amor. O veneno e a fealdade são perdidos.

A semente é feia, mas quando ela se torna viva, desabrocha e floresce, então há beleza. Não jogue fora a semente, pois você também estará jogando fora as flores contidas nela. Elas ainda não estão presentes ou manifestas para que você possa vê-las; elas estão não manifestas, mas *estão* ali. Use essa semente, de tal modo que você possa atingir as flores. Aceitação, uma compreensão sensível e consciência – então a indulgência é permitida.

Mais uma coisa, a qual é realmente muito estranha, porém uma das mais profundas descobertas do Tantra: tudo o que você toma como seus inimigos – a ambição, a raiva, o ódio, o sexo, tudo –, a sua atitude de que eles são inimigos os torna seus inimigos. Tome-os como dádivas divinas e aborde-os com um coração muito grato.

Por exemplo, o Tantra desenvolveu muitas técnicas para a transformação da energia sexual. Aborde o ato sexual como se você estivesse abordando o templo do divino, como se ele fosse uma prece, uma meditação; sinta a santidade dele. É por isso que em Khajuraho, em Puri e em Konarak todo templo tem esculturas *maithun*. O ato sexual nas paredes dos templos parece ilógico, particularmente para o Cristianismo, o Islamismo e o Jainismo. Parece inconcebível e contraditório. Como o templo está ligado a figuras *maithun*? Nas paredes externas dos templos de Khajuraho, cada tipo concebível de ato sexual está retratado em pedras. Por quê? Em um templo isso não tem nenhum lugar, pelo menos em nossas mentes. O Cristianismo não pode conceber uma parede de igreja com as figuras de Khajuraho. Impossível!

Os hindus modernos também se sentem culpados, pois suas mentes são criadas pelo Cristianismo. Eles são hindu-cristãos, e esses são os piores – porque ser cristão é bom, mas ser hindu-cristão é simplesmente estranho. Eles se sentem culpados. Um líder hindu, Purshottamdas Tandan, até mesmo propôs que esses templos fossem destruídos. Eles não nos pertencem! Realmente, eles não nos pertencem porque o Tantra não está em nossos corações por um longo período, por séculos; ele não tem sido a corrente principal. A Ioga tem sido a corrente principal, e para a Ioga, Khajuraho é inconcebível; ele deve ser destruído.

O Tantra diz para abordar o ato sexual como se você estivesse entrando em um templo sagrado. É por isso que eles retrataram o ato sexual em seus templos sagrados. Eles disseram para abordar o sexo como se você estivesse entrando em um templo sagrado. Assim, quando você entrar em um templo sagrado, o sexo deverá estar presente, de tal modo que eles se tornem coligados e associados em sua mente, para que você possa sentir que o mundo e o divino não são dois elementos em conflito, mas um só. Eles não são contraditórios, mas polos opostos ajudando um ao outro. E eles podem existir somente em razão dessa polaridade. Se essa polaridade for perdida, todo este mundo também o será. Portanto, perceba a profunda e corrente unidade; não veja somente os pontos polares, mas a fluente corrente interna, a qual os torna unos.

Para o Tantra, tudo é sagrado. Lembre-se disto: para o Tantra, *tudo* é sagrado, nada é profano. Olhe para isso desta forma: para uma pessoa irreligiosa, tudo é profano; para os pretensos religiosos, algo é sagrado e algo é profano; e para o Tantra, tudo é sagrado.

Um missionário cristão estava comigo há alguns dias e disse, "Deus criou o mundo". Então lhe perguntei: "Quem criou o pecado?". Ele respondeu: "O demônio". Então, lhe perguntei: "Quem criou o demônio?". Ele ficou embaraçado, e disse: "É claro, Deus criou o demônio". O demônio criou o pecado e Deus criou o demônio. Então quem é o real pecador – o demônio ou Deus? Mas uma concepção dualista sempre leva a tais absurdos.

Para o Tantra, Deus e o demônio não são dois. Realmente, para o Tantra não existe nada que possa ser chamado de "o demônio". Tudo é divino, tudo é sagrado! E este parece ser o ponto de vista correto, o mais profundo. Se algo for profano neste mundo, de onde ele vem e como ele pode existir?

Assim, existem somente duas alternativas. Primeira, a alternativa do ateu, que diz que tudo é profano, e então está tudo bem. Ele também é não dualista, ele nada vê de sagrado no mundo. Ou a alternativa do Tantra: tudo é sagrado, a qual novamente é não dualista. Mas entre esses dois, os pretensos religiosos não são realmente religiosos – nem religiosos nem irreligiosos –, pois eles estão sempre em conflito; e toda a teologia deles é apenas para tentar fazer com que os fins se encontrem, e esses fins não podem se encontrar.

Se uma única célula, um único átomo neste mundo não for sagrado, então todo o mundo se tornará não sagrado, pois como aquele único átomo pode existir em um mundo sagrado?

Como ele pode existir? Ele é amparado por tudo. Para existir, ele precisa ser amparado por tudo. E se o elemento não sagrado for amparado por todos os elementos sagrados, então qual é a diferença? Dessa maneira, ou o mundo é totalmente sagrado, incondicionalmente, ou ele é não sagrado. Não existe caminho intermediário.

O Tantra diz que tudo é sagrado – é por isso que não podemos entendê-lo. Ele é o mais profundo ponto de vista não dual, se pudermos chamá-lo de ponto de vista. Ele não é um ponto de vista, pois todo ponto de vista fatalmente é dual. Ele não é contra nada, assim ele não é um ponto de vista. Ele é uma unidade sentida, vivida.

Existem dois caminhos – Ioga e Tantra. Em razão de nossas mentes aleijadas, o Tantra não poderia ser tão atraente. Mas sempre que houver alguém que seja saudável por dentro, não um caos, o Tantra terá uma beleza. Somente então a pessoa poderá entender o que é o Tantra. A Ioga tem atrativo, um natural atrativo, em razão de nossas mentes perturbadas. Lembre-se, essencialmente é a *sua* mente que torna algo atraente ou não atraente. Você é o fator decisivo.

Essas abordagens são diferentes, mas não estou dizendo que alguém não possa alcançar por intermédio da Ioga. A pessoa pode também alcançar através dela, mas não por meio da Ioga corrente. A Ioga corrente não é realmente Ioga, mas a sua interpretação, à interpretação da mente doentia. A Ioga pode ser autenticamente uma abordagem em direção ao supremo, mas isso também é somente possível quando sua mente for saudável, quando ela não for enferma ou doentia. Então, a Ioga toma uma forma diferente. Por exemplo, Mahavira está no caminho da Ioga, mas ele não está realmente suprimindo o sexo, pois ele conheceu, ele viveu. Mahavira está profundamente familiarizado com o sexo, mas ele se tornou inútil, assim caiu por terra. Buda está no caminho da Ioga, mas ele viveu no mundo e está profundamente familiarizado com ele. Ele não está lutando.

Uma vez que você conheça algo, se torna livre desse algo. Ele simplesmente cai como folhas secas caem de uma árvore. Isso não é renúncia, e de maneira nenhuma existe luta envolvida.

Olhe para a face de Buda, ela não parece a face de um lutador. Ele não está lutando, e está tão relaxado! A sua face é o próprio símbolo do relaxamento... sem luta. Olhe para os seus iogues: a luta é aparente em suas faces. No fundo existe muito tumulto; eles estão sentados sobre vulcões. Você pode olhar nos olhos e nas faces deles, e sentirá isto – em algum lugar, no fundo, eles suprimiram todas as suas doenças, mas não foram além.

Em um mundo saudável onde todos vivem suas vidas autêntica e individualmente, sem imitar os outros, vivendo suas próprias vidas de suas próprias maneiras, ambos, a Ioga e o Tantra são possíveis. A pessoa pode aprender a sensibilidade profunda que transcende, pode chegar a um ponto onde todos os desejos se tornam fúteis e caem por terra. A Ioga também pode levar a isso, mas, para mim, ela também levará ao mesmo mundo no qual o Tantra pode levar – lembre-se disto:

Precisamos de uma mente saudável, de um ser humano natural. Neste mundo em que o ser humano é natural, o Tantra levará e a Ioga também levará... Em nossa suposta sociedade, a dual é doente, nem a Ioga nem o Tantra podem levar, pois se escolhermos a Ioga, não a escolheremos porque os desejos se tornaram inúteis – não! Eles ainda são significativos e não estão caindo por si mesmos. Precisamos forçá-los.

Se escolhermos a Ioga, a escolheremos como uma técnica de supressão. Se escolhermos o Tantra, o escolheremos como uma esperteza, como profunda fraude, para indulgenciar. Assim, com uma mente não saudável, nem a Ioga nem o Tantra – ambos levarão a enganos. É necessário começar com uma mente saudável, particularmente saudável sexualmente. Então, não é muito difícil escolher o seu caminho. A pessoa pode escolher a Ioga ou o Tantra.

Existem dois tipos de pessoas: as basicamente masculinas e as basicamente femininas – não biológica, mas psicologicamente. Para aquelas que são basicamente masculinas psicologicamente – agressivas, violentas, extrovertidas – a Ioga é o caminho. Para aquelas que são basicamente femininas – receptivas, passivas, não violentas – o Tantra é o caminho.

Portanto, pode-se notar que, para o Tantra, a mãe, Kali, Tara e tantas *devas* e *bhairavis* são muito importantes. Na Ioga jamais se menciona qualquer nome de deidades femininas. O Tantra tem deidades femininas, e a Ioga deuses masculinos. A Ioga é energia que sai, e o Tantra é energia que se move para dentro. Dessa maneira pode-se dizer, em termos psicológicos modernos, que a Ioga é extrovertida e o Tantra é introvertido. Portanto, depende da personalidade. Se você tiver uma personalidade introvertida, então a luta não será para você; se você tiver uma personalidade extrovertida, então a luta será para você.

Mas estamos confusos, bem confusos; somos realmente uma bagunça. É por isso que nada ajuda; pelo contrário, tudo atrapalha. A Ioga o atrapalhará, o Tantra o atrapalhará, e todo remédio criará uma nova doença em você, pois aquele que escolhe está doente, enfermo, e sua escolha é doentia e enferma.

Portanto, não quero dizer que por intermédio da Ioga você não possa alcançar. Enfatizo o Tantra somente porque vamos entender o que é ele.

Técnicas de Meditação: O Amor Tântrico

> Shiva diz a Devi:
> "Enquanto estiver sendo acariciada,
> doce princesa, entre no amor como
> numa vida eterna".

Shiva começa com o amor. A primeira técnica está relacionada com o amor, pois na sua experiência o amor é a coisa mais próxima na qual você se relaxa. Se você não puder amar, é impossível para você relaxar. Se você puder relaxar, sua vida se tornará uma vida amorosa.

Uma pessoa tensa não pode amar. Por quê? Um indivíduo tenso sempre vive com propósitos. Ele pode ganhar dinheiro, mas não pode amar, pois o amor não tem propósito; o amor não é uma comodidade, não se pode acumulá-lo, fazer um saldo bancário dele, fortalecer seu ego a partir dele. Em realidade, o amor é o ato mais absurdo – sem significado ou propósito além dele próprio. Ele existe em si mesmo, e não para qualquer outra coisa.

Você ganha dinheiro para algo; o dinheiro é um meio. Você faz uma casa, constrói uma casa para algo, para viver nela; ela é um meio. O amor não é um meio. Por que você ama? Para que você ama? O amor é o fim em si mesmo. É por isso que uma mente calculista e lógica, que pensa em termos do propósito, não pode amar. E uma mente que sempre pensa termos de propósito será tensa, porque o propósito somente pode ser preenchido no futuro, e nunca aqui e agora.

Você constrói uma casa... você não pode morar nela agora mesmo; primeiro precisa construí-la. Você pode morar nela no futuro, e não agora. Você ganha dinheiro; o saldo bancário será criado no futuro, e não agora. O meio você terá que usar agora, e o fim virá no futuro.

O amor está sempre aqui; não há futuro para ele. É por isso que o amor é tão próximo da meditação, e também a morte é tão próxima da meditação – pois a morte está sempre aqui e agora, e nunca pode acontecer no futuro. Você pode morrer no futuro? Você pode morrer somente no presente; ninguém jamais morreu no futuro. Como você pode morrer no futuro ou no passado? O passado se foi, ele não está mais presente, então você não pode morrer nele. O futuro ainda não veio, então como você pode morrer nele? A morte sempre ocorre no presente.

Morte, amor, meditação, todos eles ocorrem no presente. Assim, se você estiver com medo da morte, você não poderá amar. Se você estiver com medo do amor, você não poderá meditar. Se você estiver com medo da meditação, sua vida será vã – vã não no sentido de qualquer propósito, mas no sentido de que você nunca poderá sentir alguma bem-aventurança nela... fútil.

Pode parecer estranho conectar estes três: amor, meditação e morte. Mas não é estranho. Eles *são* experiências semelhantes. Assim, se você puder entrar em um, poderá entrar nos dois restantes.

Shiva começa com o amor. Ele diz:

Enquanto estiver sendo acariciada, amada, doce princesa, entre no carinho, no amor, como em uma vida eterna.

O que significa isso? Muitas coisas. Uma, enquanto você for amada, o passado cessa e o futuro não existe. Você se move na dimensão do presente, no agora. Você já amou alguém? Se você já amou, então a mente não está mais presente. É por isso que os pretensos sábios dizem que os amantes são cegos, insensatos, loucos. Em um sentido eles estão certos. Os que amam são cegos, pois não têm olhos para o futuro a fim de calcular o que estão fazendo. Eles são cegos! E não podem ver o passado.

O que acontece aos que amam? Eles simplesmente se movem para o aqui e agora sem qualquer consideração pelo passado, pelo futuro ou pelas consequências; é por isso que eles são chamados de cegos. Eles são cegos, cegos para aqueles que são calculistas, e são videntes para aqueles que não são calculistas. Aqueles que não são calculistas verão o amor como o olho real, a visão real.

Assim, a primeira coisa: no momento do amor, o passado e o futuro não estão presentes. Um ponto delicado a ser compreendido: quando não existe passado ou futuro, você pode chamar este momento de presente? Ele é o presente somente entre estes dois – passado e futuro. Ele é relativo. Se não houver passado ou futuro, o que significa chamá-lo de presente? Não tem sentido, e é por isso que Shiva não usa a palavra "presente". Ele diz "vida eterna" – eternidade, entrar na eternidade.

Dividimos o tempo em três: passado, presente e futuro. Essa divisão é falsa, absolutamente falsa. O tempo é realmente passado e futuro. O presente não é parte do tempo, e sim da eternidade. Aquilo que passou é tempo, aquilo que está por vir é tempo. Aquilo que *é* não é tempo, pois ele nunca passa, ele sempre existe. O agora está sempre aqui – ele está *sempre* aqui. Este agora é eterno.

Se você se mover a partir do passado, nunca entrará no presente. Do passado você sempre entra no futuro. Não chega nenhum momento que seja o presente. Do passado você *sempre* entra no futuro. Do presente você nunca pode entrar no futuro; do presente você vai fundo, e fundo... e mais presente, e mais presente... isso é vida eterna.

Podemos dizê-lo desta maneira: do passado para o futuro é tempo. Tempo significa que você se move sobre o plano, em uma linha reta, ou podemos dizer que ele é horizontal. No momento em que você estiver no presente, a dimensão mudará. Você se moverá verticalmente – para cima ou para baixo, em direção à altura ou à profundeza. Mas, então, você nunca se moverá horizontalmente. Um Buda e um Shiva vivem na eternidade, e não no tempo.

Perguntaram a Jesus: "O que acontecerá em seu Reino de Deus?". A pessoa que lhe questionou não estava perguntando sobre o tempo, mas sobre o que iria acontecer com seus desejos: "Como eles serão satisfeitos? Haverá vida eterna ou a morte? Haverá alguma miséria? Haverá pessoas inferiores e superiores?". Ele estava perguntando coisas deste mundo: "O que acontecerá em seu Reino de Deus?".

E Jesus respondeu – a resposta é semelhante à de um monge Zen... Jesus disse: "Não haverá mais o tempo". A pessoa pode não ter entendido nada, uma resposta desta: "Não haverá mais o tempo". Jesus disse somente uma coisa: "Não haverá mais o tempo", pois o tempo é horizontal e o Reino de Deus é vertical, é eterno; ele está sempre aqui; somente *você* precisa se afastar do tempo para entrar nele.

Assim, o amor é a primeira porta... você pode se afastar do tempo. É por isso que todos desejam ser amados e desejam amar. E ninguém sabe porque existe tanta importância no amor, porque tanto anseio profundo por ele. E a menos que você o conheça corretamente, você não pode nem amar nem ser amado, pois o amor é um dos fenômenos mais profundos sobre esta terra.

Insistimos em achar que cada um é capaz de amar como ele é, mas esse não é o caso, não é assim. É por isso que você se frustra. O amor é uma dimensão diferente, e se você tentar amar alguém *no* tempo, você será derrotado em seu esforço. No tempo, o amor é impossível.

Lembro-me de uma história:

Meera estava apaixonada por Krishna; ela era casada, a esposa de um príncipe. O príncipe ficou com ciúme de Krishna, o qual já não existia, não estava presente, não era um corpo físico. Havia um intervalo de cinco mil anos entre a existência física de Krishna e a de Meera. Assim, realmente, como Meera poderia estar apaixonada por Krishna? O intervalo de tempo era grande demais!

Um dia, seu marido, o príncipe, perguntou a Meera: "Você fica falando sobre o seu amor, fica dançando e cantando à volta de Krishna, mas onde ele está? Por quem você está tão apaixonada? Com quem você fala continuamente?".

Meera estava conversando com Krishna, cantando, rindo, discutindo. Ela parecia louca! Aos nossos olhos ela era louca. Portanto, o príncipe disse: "Você ficou louca? Onde está o seu Krishna? A quem você está amando? Com quem você está conversando? E estou aqui, e você me esqueceu completamente".

Meera disse: "Krishna está aqui, e você não está aqui, pois Krishna é eterno e você não é. Ele estará sempre aqui, ele esteve sempre aqui, ele está aqui. Você não estará aqui, você não esteve aqui, você não esteve aqui um dia e não estará aqui... assim, como posso acreditar que entre essas duas não existências você esteja aqui? Como a existência é possível entre duas não existências?".

O príncipe está no tempo e Krishna está na eternidade. Dessa maneira, pode-se estar perto do príncipe, mas a distância não pode ser destruída; você estará distante. No que se refere ao tempo, você pode estar muitíssimo distante de Krishna, mesmo assim pode estar próximo. Mas essa é uma dimensão diferente.

Olho à minha frente e há uma parede; movo os meus olhos e há o céu. Quando você olha no tempo, sempre existe uma parede; quando você olha além do tempo, existe um céu aberto, infinito. O amor abre a infinidade, a eternidade da existência. Assim, realmente, se você já amou, o amor pode ser transformado em uma técnica de meditação. Esta é a técnica:

"Enquanto estiver sendo amada, doce princesa, entre no amor como em uma vida eterna".

Não seja um amante que fica a distância, do lado de fora. Torne-se amoroso e penetre na eternidade. Quando você está amando alguém, está ali como o amante? Se você estiver ali, está no tempo e o amor é simplesmente falso, pseudo. Se você ainda estiver ali e puder dizer "eu sou", então poderá estar próximo fisicamente, mas espiritualmente vocês são polos à parte.

Enquanto no amor, você não deve ser – somente o amor, a amorosidade. Torne-se o amor! Ao acariciar o ser amado, torne-se a carícia. Ao beijar, não seja aquele que beija ou que é beijado; seja o beijo! Esqueça-se completamente do ego, dissolva-o no ato. Penetre tão profundamente no ato a ponto do ator não estar mais presente. E se você não puder penetrar no amor, é difícil penetrar no comer ou no caminhar – muito difícil, pois o amor é a abordagem mais fácil para dissolver o ego. É por isso que os egotistas não podem amar. Eles podem falar, cantar e escrever a respeito, mas não podem amar. O ego não pode amar.

Shiva diz para se tornar o amor. Quando você está abraçando, torne-se o abraço, o beijo. Esqueça-se tão completamente de você mesmo a ponto de poder dizer: "Eu não existo mais; somente o amor existe". Então, o coração não estará palpitando, mas o amor estará; então, o sangue não estará circulando, mas o amor estará; então, os olhos não estarão enxergando, mas o amor estará; então, as mãos não estarão se movendo para tocar, mas o amor estará.

Torne-se o amor! E entre na vida eterna. O amor de repente muda a sua dimensão; você é lançado para fora do tempo e se defronta com a eternidade.

O amor pode se tornar uma meditação profunda, a mais profunda possível. E algumas vezes os que amam conhecem o que os santos não conheceram. Os que amam tocaram aquele centro que muitos iogues não alcançaram. Mas será apenas um vislumbre, a menos que você transforme o seu amor em meditação. O Tantra significa isto: transformação do amor em meditação. E agora você pode entender por que o Tantra fala tanto sobre o amor e o sexo. Por quê? Porque o amor é a porta natural mais fácil a partir da qual você pode transcender este mundo, esta dimensão horizontal.

Olhe para Shiva com a sua consorte, Devi. Olhe para eles! eles não parecem ser dois; eles são unos. A unidade é tão profunda que penetrou até nos símbolos. Todos nós vimos o Shivalinga; este é um símbolo fálico – o órgão sexual de Shiva. Mas ele não está sozinho, e sim enraizado na vagina de Devi. Os hindus daqueles dias eram muito ousados. Agora, quando você vê um Shivalinga, você nunca se lembra de que ele é um símbolo fálico. Nós nos esquecemos, tentamos esquecer completamente.

Jung se lembra em sua autobiografia, em suas memórias, de um incidente muito belo e engraçado. Ele veio à Índia e foi ver Konarak, e no templo de Konarak há muitos e muitos Shivalingas, muitos símbolos fálicos. O erudito que o estava levando lhe explicou tudo, menos sobre os Shivalingas. E eles eram tantos que era difícil escapar. Jung estava bem ciente, mas apenas para amolar o erudito, ficava perguntando: "Mas o que são esses aqui?" Assim, finalmente o erudito disse no ouvido de Jung: "Não me pergunte aqui; eu lhe direi mais tarde. Esse é um assunto privado". Jung deve ter rido por dentro. Esses são os hindus de hoje.

Então, fora do templo o erudito chegou bem perto e disse: "Você não deveria ter perguntado diante dos outros. Eu lhe direi agora; esse é um segredo". E ele disse, novamente no ouvido de Jung: "Eles são nossas partes íntimas".

Quando Jung voltou, ele encontrou um grande estudioso – um estudioso do pensamento, do mito e da filosofia oriental –, Heinrich Zimmer. Assim, ele contou essa história a Zimmer. Zimmer era uma das mentes mais bem dotadas que tentou penetrar no pensamento indiano, e era um admirador da Índia e de seus caminhos do pensamento – o oriental, o ilógico, a abordagem mística em relação à vida. Quando ele ouviu isso de Jung, riu e disse: "Isso é bom para variar. Sempre ouvi sobre *grandes* indianos – Buda, Krishna, Mahavira... O que você relata nada diz a respeito de qualquer grande indiano, mas a respeito dos indianos".

Para Shiva, o amor é a grande porta. E para ele, o sexo também: não é algo a ser condenado, e sim a semente, e o amor o seu florescimento. E se você condenar a semente, você condenará a flor. O sexo pode se tornar amor, e se ele nunca se tornar amor, então ele estará aleijado. Condene o aleijamento, e não o sexo. O amor deve florescer; o sexo deve se tornar amor. Se ele não estiver se tornando, não será falha do sexo, mas a sua falha.

O sexo não deve permanecer sexo – este é o ensinamento do Tantra –, ele deve ser transformado em amor. E o amor também não deve permanecer amor, e sim ser transformado em luz, na experiência meditativa, no último e supremo cume místico. Como transformar o amor? Seja o ato e se esqueça do ator. Ao amar, seja o amor – o simples amor. Então, não é o seu amor, o meu amor ou o amor de alguém mais. Ele é o simples amor. Quando você não está ali, então você está nas mãos da fonte, da corrente suprema, então, você está no amor. Não é você que está no amor; então, o amor o tragou, você desapareceu e se tornou apenas uma energia fluindo.

D. H. Lawrence, uma das mentes mais criativas desta época, quer soubesse ou não era um adepto do Tantra. Ele foi completamente condenado no Ocidente; seus livros foram excomungados e houve muitos casos nos tribunais, pois ele disse que a energia do sexo é a única energia, e se você a condenar e a suprimir, estará contra o universo e nunca será capaz de conhecer o florescimento superior desta energia.

E quando suprimido, ele se torna feio. Este é o círculo vicioso: sacerdotes, moralistas, pretensos religiosos, papas, *shankaracharyas* e outros, eles insistem em condenar o sexo. Eles dizem que essa é uma coisa feia. Quando você o suprime, ele se torna feio, então eles dizem: "Veja! O que dissemos é verdade, está provado por você mesmo. Veja! Tudo o que você está fazendo é feio, e você sabe que é feio".

Mas não é o sexo que é feio, e sim esses sacerdotes que o tornaram feio. E uma vez que o tornaram feio, eles provam estarem certos. E quando eles provam estarem certos, você continua a torná-lo cada vez mais feio.

O sexo é energia inocente, a vida fluindo em você, a existência viva em você. Não o mutile; permita que ele se mova em direção às alturas – isto é, o sexo deve se tornar amor. Qual é a diferença? Quando a sua mente é sexual, você explora o outro. O outro é simplesmente um instrumento para ser usado É jogado fora. Quando o sexo se torna amor, o outro não é um instrumento, não é para ser explorado, não é realmente o outro. Quando você ama, o amor não é autocentrado; em vez disso, o outro se torna importante, ímpar.

Não é que você o esteja explorando – não. Pelo contrário, ambos estão unidos em uma experiência profunda. Vocês são parceiros de uma experiência profunda, e não o explorador e o explorado. Vocês estão se ajudando a entrar em um mundo diferente, o do amor. O sexo é exploração, e o amor é entrar juntos em um mundo distinto.

Se esse movimento não for momentâneo e se tornar meditativo, isto é, se você puder se esquecer completamente de si, e a pessoa amada desaparecer e houver somente o amor fluindo, então, Shiva diz, a vida eterna é sua.

O Total Deixar Acontecer No Sexo

"O sexo transferido para a cabeça é sexualidade."

Tudo o que você fizer, faça-o meditativa e totalmente – mesmo o sexo. É fácil conceber como ficar com raiva sozinho, mas você também pode criar meditativamente uma orgia sexual sozinho, e você terá uma qualidade diferente depois disso.

Enquanto completamente sozinho, feche seu quarto e se mexa como se estivesse no ato sexual. Permita que todo o seu corpo se mexa; pule e grite – faça tudo o que sentir vontade de fazer. Faça-o totalmente, esqueça-se de tudo – da sociedade, das inibições, etc. Entre no ato sexual sozinho, meditativamente, mas traga toda a sua sexualidade.

Com o outro, a sociedade está sempre presente, pois o outro está presente. E é tão difícil estar em um amor tão profundo a ponto de poder sentir como se o outro não estivesse presente... Somente em um amor muito profundo, em uma intimidade muito profunda, é possível estar com a pessoa amada como se ele ou ela não estivesse ali.

É isto o que significa intimidade: se você estiver como que sozinho com seu amante, amado ou cônjuge no quarto, sem medo do outro, então você pode entrar no ato sexual totalmente; do contrário, o outro é sempre uma presença inibidora, ele está olhando para você: "O que ela pensará? O que ele pensará? O que você está fazendo? Comportando-se como um animal?"

Uma senhora esteve aqui há alguns dias; ela veio reclamar de seu marido, e disse: "Não posso tolerar, sempre que ele faz "amor comigo, ele começa a se comportar como um animal".

Quando o outro está presente, fica olhando para você: "O que você está fazendo?". E foi-lhe ensinado para não fazer algumas coisas. Isso inibe, e você não pode se mexer totalmente.

Se o amor estiver realmente presente, então você poderá se mexer como se estivesse sozinho. E quando dois corpos "se tornam unos, eles têm um só ritmo. Então, a dualidade é perdida e o sexo pode ser liberado totalmente; e não é como na raiva.

A raiva é sempre feia; o sexo não é sempre feio. Algumas vezes ele é a coisa mais linda possível, porém somente algumas vezes. Quando o encontro é perfeito, quando os dois se tornam um só ritmo, quando as suas respirações se tornam unas e o prana flui em um círculo, quando os dois desaparecem completamente e os dois corpos se tornam um todo, quando o negativo e o positivo, o masculino e o feminino já não existem, então o sexo é a coisa mais linda possível. Mas esse não é sempre o caso.

Se isso não for possível, você poderá levar o seu ato sexual a um clímax de frenesi e loucura enquanto sozinho, em uma disposição meditativa. Feche a porta, medite no quarto e permita que seu corpo se movimente como se você não o estivesse controlando. Perca todo o controle!

Os parceiros podem ser de muita ajuda, particularmente no Tantra: sua esposa, seu marido ou o seu amigo pode ser de muita ajuda se vocês dois estiverem vivenciando profundamente. Então, permitam que cada um tenha total descontrole; esqueçam-se da civilização, como se ela nunca tivesse existido. Voltem ao Jardim do Éden, derrubem aquela maçã – o fruto da Árvore do Conhecimento –, sejam Adão e Eva no Jardim do Éden antes de eles serem expulsos. Voltem! Sejam como animais inocentes e ponham para fora as suas sexualidades em suas totalidades. Depois disso, vocês nunca mais serão os mesmos.

Acontecerão duas coisas. A sexualidade desaparecerá; o sexo pode permanecer, mas a sexualidade desaparecerá completamente. E quando não há nenhuma sexualidade, o sexo é divino. Quando o desejo cerebral não estiver mais presente, quando você não estiver pensando a respeito, quando ele se tornar um simples envolvimento – um ato total, um movimento de todo o seu ser e não somente da mente –, ele será divino. Primeiro a sexualidade desaparecerá, e depois o sexo poderá também desaparecer, pois quando você conhece o âmago mais profundo dele, você pode atingir esse âmago sem o sexo.

Mas você não conheceu o âmago mais profundo, portanto, como pode atingi-lo? O primeiro vislumbre vem através do sexo total. Uma vez conhecido, o caminho também pode ser percorrido de outras maneiras. Ao simplesmente olhar para uma flor, você poderá estar no mesmo êxtase em que fica quando encontra o seu parceiro em um clímax; ao simplesmente contemplar as estrelas você poderá entrar nisso.

Uma vez conhecido o caminho, você saberá que ele se encontra dentro de você. O parceiro apenas o ajuda a conhecê-lo, e você ajuda o seu parceiro a conhecê-lo. Ele está dentro de você! O outro foi apenas uma provocação, um desafio para ajudá-lo a conhecer algo que sempre esteve dentro de você.

E é isso o que acontece entre um Mestre e um discípulo. O Mestre pode se tornar um desafio para você manifestar aquilo que sempre esteve oculto em você. O Mestre não está lhe dando coisa alguma; ele não pode dar, não há nada para dar. E tudo o que pode ser dado não tem valor, pois será apenas uma coisa.

Aquilo que não pode ser dado, mas apenas provocado, vale a pena. Um Mestre está simplesmente provocando-o, ele o desafia para ajudá-lo a chegar a um ponto onde você possa perceber algo que já está presente. Uma vez que você o conheça, não há necessidade de um Mestre.

O sexo pode desaparecer, mas primeiro desaparece a sexualidade. Então, o sexo se torna um ato puro e inocente, e depois desaparece também. Depois existe *brahmacharya* (celibato). Esse não é oposto ao sexo, e sim apenas a sua ausência.

E lembre-se desta diferença... isso não está em sua consciência. As velhas religiões insistem em condenar a raiva e o sexo como se ambos fossem iguais ou pertencessem à mesma categoria. Eles não pertencem! A raiva é destrutiva e o sexo é criativo. Todas as velhas religiões insistem em condená-los de uma maneira semelhante, como se a raiva e o sexo, a ambição e o sexo e a inveja e o sexo fossem semelhantes. Eles não são! A inveja é destrutiva – sempre! Ela nunca é criativa; nada pode resultar dela; a raiva é sempre destrutiva, mas não é assim com o sexo!

O sexo é a fonte da criatividade; o divino o usou para a criação. A sexualidade é como a inveja, a raiva e a ambição – sempre destrutiva. O sexo não é, porém não conhecemos o sexo puro, mas somente a sexualidade.

Uma pessoa que olha uma figura pornográfica ou que vai ver um filme de orgias sexuais não está procurando o sexo e, sim, a sexualidade. Conheço pessoas que não podem fazer amor com suas esposas a menos que primeiro passem os olhos em algumas revistas, livros ou fotografias sujas. Quando elas veem essas fotos, então ficam excitadas. A esposa real não é nada para elas. Uma fotografia, uma fotografia de alguém sem roupa, é mais excitante para elas. Esse excitamento não está nas entranhas, e sim na mente, na cabeça.

O sexo transferido para a cabeça é sexualidade, pensar a respeito dele é sexualidade, e vivê-lo é algo diferente. E se você puder vivê-lo, poderá ir além dele. Qualquer coisa vivida totalmente leva-o além. Assim, não fique com medo de coisa alguma. Viva-a!

E se você achar que ele é destrutivo para os outros, então entre nele sozinho, não o faça com os outros. E se você achar que ele é criativo, então encontre um parceiro, um amigo, torne-se um casal, um casal tântrico, e entre nele totalmente. Mas se você ainda achar que a presença do outro é inibidora, então pode fazê-lo sozinho.

A ESPIRITUALIDADE DO ATO SEXUAL TÂNTRICO

"O outro é simplesmente uma porta.
Ao fazer amor com uma mulher,
na verdade você está fazendo amor
coma própria Existência."

Certa vez Sigmund Freud disse que o ser humano nasce neurótico. Essa é uma meia-verdade; a pessoa não nasce neurótica, mas nasce em uma humanidade neurótica, e a sociedade à volta mais cedo ou mais tarde leva todos à neurose. O ser humano nasce natural, real e normal, mas no momento em que o recém-nascido se torna parte da sociedade, a neurose começa a funcionar.

Como somos, somos neuróticos. E a neurose consiste em uma divisão, em uma profunda divisão. Você não é uno, e sim dois ou mesmo muitos. Isso precisa ser entendido profundamente, e somente então poderemos ir em direção ao Tantra. Seu sentimento e seu pensamento se tornaram duas coisas diferentes, e essa é a neurose básica. Sua parte pensante e sua parte que sente se tornaram duas, e você está identificado com a parte pensante, e não com a que sente. E o sentir é mais real e natural do que o pensar. Você veio com um coração que sente, e o pensamento é cultivado, é dado pela sociedade. E o seu sentimento se tornou algo suprimido; mesmo quando você diz que sente, você somente pensa que sente. O sentimento se tornou morto, e isso aconteceu por certas razões.

Quando uma criança nasce, ela é um ser que sente, ela sente coisas; ela ainda não é um ser pensante. Ela é natural, como qualquer coisa natural na natureza – uma árvore ou um animal. Mas começamos a moldá-la, a cultivá-la. Ela precisa suprimir seus sentimentos, pois sem isso ela está sempre em dificuldades. Quando ela quer chorar, não pode chorar, pois seus pais não aprovarão isso. Ela será condenada, não será apreciada e amada. Ela não é aceita como é; ela precisa se comportar, se comportar de acordo com uma ideologia particular, com ideais, e somente então será amada.

O amor não é para ela como ela é. Ela pode ser amada somente se seguir certas regras, as quais são impostas e não naturais. O ser natural começa a ser suprimido, e o não natural, o irreal, lhe é imposto. Esse "irreal" é a sua mente, e chega um momento em que a divisão é tão grande que não se pode construir uma ponte. Você segue se esquecendo completamente o que era a sua natureza real – ou é. Você é uma face falsa; a face original se perdeu. E você também fica com medo de sentir a original, pois no momento em que a sentir, toda sociedade ficará contra você. Assim, você próprio fica contra a sua natureza real.

Isso cria um estado muito neurótico. Você não sabe o que quer, não sabe quais são suas necessidades reais e autênticas, e então caminha em direção a necessidades não autênticas, pois somente o coração que sente pode lhe dar o sentido, a direção... Qual é a sua necessidade real? Quando ela é suprimida, você cria necessidades simbólicas. Por exemplo, você pode ficar a comer sem parar, se enchendo de comida, e nunca pode

A Espiritualidade do Ato Sexual Tântrico | 45

sentir que está satisfeito. A necessidade é de amor, e não de comida, mas comida e amor estão profundamente relacionados. Portanto, quando a necessidade de amor não é sentida ou é suprimida, é criada uma falsa necessidade de comida. E você segue comendo, pois em virtude de a necessidade ser falsa, ela nunca pode ser satisfeita. E vivemos com necessidades falsas, e é por isso que não existe satisfação.

Você deseja ser amado; essa é uma necessidade básica e natural, mas ela pode ser desviada para uma falsa dimensão. Por exemplo, a necessidade do amor, de ser amado, pode ser sentida como necessidade falsa, caso você tente desviar a atenção dos outros para si; você deseja que os outros prestem atenção em você. Você pode se tornar um líder político – grandes multidões prestando atenção em você –, mas a necessidade básica real é a de ser amado. E mesmo que o mundo inteiro preste atenção em você, essa necessidade básica não pode ser satisfeita, necessidade essa que pode ser satisfeita mesmo por uma única pessoa que o ame, que preste atenção em você em virtude do amor.

Quando você ama alguém, você lhe presta atenção. A atenção e o amor estão profundamente relacionados. Se você suprimir a necessidade do amor, então ela se tornará uma necessidade simbólica – você precisará da atenção dos outros. Você pode obtê-la, mas então também não haverá satisfação. A necessidade é falsa, desconectada da necessidade natural e básica. Essa divisão na personalidade é a neurose.

O Tantra é um conceito muito revolucionário – o mais antigo e, ainda assim, o mais novo. O Tantra é uma das tradições mais antigas, e ainda assim não tradicional, mesmo antitradicional, pois ele diz que, a menos que você seja inteiro e uno, você perderá a vida completamente. Você não deveria permanecer em um estado dividido; você precisa se tornar uno.

O que fazer para se tornar uno? Você pode continuar a pensar, mas isso não ajudará, pois pensar é a técnica para dividir;

pensar é analítico, divide e separa coisas. O sentir une, sintetiza, torna as coisas unas. Portanto, você pode seguir pensando, lendo, estudando e contemplando, mas isso não vai ajudar, a menos que você recue para o centro do sentir. Porém, isso é muito difícil, pois mesmo quando você pensa sobre o centro do sentir, você pensa!

Quando você diz a alguém, "Eu amo você", fique atento se isso é apenas um pensamento ou sentimento. Se for apenas um pensamento, então você estará perdendo algo. Um sentimento é do todo; todo o seu corpo, mente e tudo o que você é está envolvido. No pensar, somente a sua cabeça está envolvida, e isso também não totalmente – apenas um fragmento dela, um pensamento que passa, o qual pode não estar ali no momento seguinte. Somente um fragmento está envolvido, e isso cria muita infelicidade na vida, pois, para um pensamento fragmentário, você pode fazer promessas que não podem ser cumpridas. Você pode dizer: "Eu amo você e o/a amarei para sempre". Ora, a segunda parte é uma promessa (que você não pode cumprir, pois ela é feita por um pensamento fragmentário; todo o seu ser não está envolvido nisso. E o que você fará amanhã quando o fragmento se for e o pensamento não estiver mais presente? Agora a promessa se tornará uma escravidão.

Sartre diz em algum lugar que toda promessa se revelará como falsa. Você não pode prometer, pois você não é inteiro! Apenas uma parte de mim promete, e quando essa parte não estiver mais no trono, outra parte tomará conta, e o que farei? Quem cumprirá a promessa? Nasce a hipocrisia, pois então fico tentando cumprir, fingindo que estou cumprindo... então tudo se torna falso.

O Tantra diz para deslizar profundamente para dentro, para o centro do sentir. O que fazer e como recuar? Entrarei agora nos sutras. Estes sutras, cada um deles, é um esforço para torná-lo inteiro.

O primeiro:

No início da união sexual, mantenha-se atento ao fogo do princípio e, assim continuando, evite as brasas do final.

Por muitas razões, o sexo pode ser um preenchimento muito profundo e pode atirá-lo de volta à sua totalidade, ao seu ser natural e real. Essas razões precisam ser entendidas. Uma, o sexo é um ato total; você é tirado de sua mente, do equilíbrio. É por isso que existe tanto medo do sexo. Você está identificado com a mente, e o sexo é um ato da não mente. Você fica sem cabeça, não tem nenhuma cabeça no ato, não há raciocínio ou processo mental. E se houver processo mental, não haverá um ato sexual real e autêntico, não existirá nenhum orgasmo ou satisfação; o ato sexual em si se tornará algo local e cerebral. E ele se tornou isso.

Em todo o mundo, a grande ânsia e desejo sexual não ocorrem pelo fato de ele ter se tornado mais sexual, e sim porque não se pode nem mesmo desfrutar o sexo como um ato total. Antes, o mundo era mais sexual, e é por isso que não havia tanto desejo pelo sexo. Essa vontade mostra que o real está faltando e que estamos com o falso. Toda a mente moderna se tornou sexual, pois o ato sexual em si não está mais presente. Até mesmo o ato sexual é transferido para a mente, tornou-se mental, você *pensa* sobre ele.

Muitas pessoas vêm a mim e dizem que não param de pensar em sexo; elas gostam de pensar sobre ele – lendo, vendo fotografias, pornografias, elas gostam. Mas quando o momento de fazer sexo acontece de verdade, elas de repente sentem que não estão interessadas, e até mesmo sentem que se tornaram impotentes. Elas sentem a energia vital quando estão pensando, e quando desejam entrar no verdadeiro ato, sentem que não existe energia nem mesmo o desejo. Elas sentem que seus corpos ficaram mortos.

O que está acontecendo com elas? Até mesmo o ato sexual se tornou mental; elas somente podem pensar sobre ele e não podem praticá-lo, pois o praticar envolverá todo o ser delas. E sempre que houver algum envolvimento do todo, a cabeça ficará pouco à vontade, pois então ela não poderá ser mais a mestra, não poderá estar mais no controle.

O Tantra usa o ato sexual para tornar você inteiro, mas então você precisa entrar nele muito meditativamente, esquecendo-se de tudo o que ouviu e estudou sobre o sexo, o que a sociedade, a igreja, a religião e os professores lhe disseram... esqueça-se de tudo e envolva-se nele em sua totalidade. Esqueça-se do controle! O controle é a barreira. Em vez disso, fique possuído por ele; não o controle.

Entre nele como se você tivesse enlouquecido – a não mente parece a loucura. Torne-se o corpo, torne-se o animal, pois o animal é inteiro. E como o ser humano moderno está, somente o sexo parece ser a possibilidade mais fácil para torná-lo inteiro, pois o sexo é o centro biológico mais profundo dentro de você. Você nasceu a partir dele; cada uma de suas células é uma célula sexual; todo o seu corpo é um fenômeno ta energia sexual.

Este primeiro sutra diz:

No início da união sexual, mantenha-se atento ao fogo do princípio e, assim continuando, evite as brasas do final.

E isso faz toda a diferença. Para você, o ato sexual é uma descarga. Assim, quando você entra nele você está com pressa e quer simplesmente um alívio. Uma energia transbordante será liberada, e você se sentirá à vontade. Este estar à vontade é apenas um tipo de fraqueza. A energia transbordante cria tensões e excitamento, e você sente que algo precisa ser feito. Quando a energia é liberada, você se sente fraco. Você pode encarar essa fraqueza como relaxamento, pois a excitação e a energia excessiva não estão mais presentes. Você pode relaxar!

Mas esse relaxamento é negativo. Se você puder relaxar apenas ao jogar fora energia, isso ocorrerá a um custo muito alto. E esse relaxamento pode ser apenas físico; ele não pode ir mais fundo e se tornar espiritual.

Este primeiro sutra diz para não se apressar e não desejar o fim. Permaneça com o início. Há duas partes no ato sexual: o início e o fim. Permaneça com o início. A parte inicial é mais relaxada e cálida. Não tenha pressa de se mover para o fim, esqueça-se completamente do fim.

No início da união sexual, mantenha-se atento ao fogo do princípio...

Enquanto você estiver transbordante, não pense em termos de alívio; permaneça com essa energia transbordante. Não busque a ejaculação; esqueça-se dela completamente! Seja inteiro neste cálido começo. Permaneça com a pessoa amada como se vocês tivessem se tornado unos. Crie um círculo.

Existem três possibilidades. Ao se encontrarem, dois amantes podem criar três figuras geométricas. Você talvez tenha lido a respeito ou mesmo tenha visto uma velha figura alquímica na qual um homem e uma mulher estão sem roupas dentro de três figuras geométricas. Uma figura é um quadrado, outra é um triângulo e a terceira é um círculo.

Essa é uma das velhas análises alquímicas e tântricas do ato sexual. Comumente, quando você está no ato sexual existem quatro pessoas, e não duas – esse é um quadrado. Há quatro ângulos, pois você próprio está dividido em dois – a parte que pensa e a que sente –, e o seu parceiro também está dividido em dois. Vocês são quatro pessoas. Não são duas pessoas se encontrando ali, e sim quatro. É uma multidão, e não pode haver nenhum encontro profundo realmente. Existem quatro cantos, e o encontro é simplesmente falso; parece um encontro, mas não é. Não pode haver nenhuma comunhão, pois a sua parte mais profunda está oculta, e a parte mais profunda da pessoa amada também está oculta. E somente duas cabeças, dois processos de pensamento se encontram, e não dois processos de sentimentos; esses estão ocultos.

O segundo tipo de encontro pode ser como um triângulo. Vocês são dois – dois ângulos da base. Por um repentino momento vocês se tornam unos, como o terceiro ângulo do triângulo. Mas por um repentino momento... a dualidade de vocês é perdida e vocês se tornam unos. Isso é melhor do que o encontro quadrado, pois pelo menos por um único momento existe unidade. Essa unidade lhe dá saúde e vitalidade e você se sente novamente vivo e jovem.

Mas o terceiro é o melhor, e é o encontro tântrico: vocês se tornam um círculo. Não existem ângulos e o encontro não ocorre apenas em um único momento, mas é realmente atemporal; não existe tempo nele. E isso pode acontecer apenas se vocês não estiverem procurando a ejaculação. Se estiverem, então se tornará um encontro triangular, pois no momento em que houver a ejaculação o ponto de contato será perdido.

Permaneça com o início; não se mova para o fim. E como permanecer no início? Muitas coisas devem ser lembradas.

Primeiro, não encare o ato sexual como algo para ir a algum lugar, não o encare como um meio – ele é o fim em si mesmo. Não há um fim para ele; ele não é um meio. Em segundo lugar, não pense no futuro; permaneça com o presente. E se você não puder permanecer no presente na parte inicial do ato sexual, então nunca poderá permanecer no presente, pois a própria natureza do ato é tal que você é atirado para o presente.

Permaneça no presente, desfrute o encontro de dois corpos, de duas almas. Fundam-se um no outro, dissolvam-se um no outro, esqueçam-se de que vocês estão indo a algum lugar, permaneçam no momento indo a lugar nenhum, e se fundam. A calidez e o amor deveriam se tornar uma situação de fusão.

É por isso que, se não houver amor, o ato sexual será um ato apressado. Você está usando o outro; o outro é apenas um meio. E o outro está usando você. Vocês estão se explorando, e não se fundindo um no outro. Com o amor vocês podem se fundir, e esse fundir no início dará muitas percepções novas.

Se você não estiver com pressa de terminar o ato, o ato logo se tornará cada vez menos sexual e cada vez mais espiritual. Os órgãos genitais também se fundem um no outro. Acontece uma comunhão muito profunda e silenciosa entre duas energias corporais, e então vocês podem permanecer por horas juntos. Esse estar junto se torna cada vez mais profundo à medida que o tempo passa. Porém, não pense, permaneça no momento, profundamente fundido. Ele se torna um êxtase, um *samadhi*. E se você puder saber disso, se puder sentir e perceber isso, sua mente sexual se tornará assexual. Um *brahmacharya* muito profundo poderá ser atingido, o celibato poderá ser atingido através dele.

Parece paradoxal, pois sempre pensamos em termos de que se uma pessoa precisa permanecer celibatária, ela não deveria olhar para o sexo oposto, não deveria se encontrar... evite, fuja! Acontece então um celibato muito falso: a mente continua a pensar sobre o sexo oposto. E quanto mais você fugir do outro, mais terá que pensar, pois essa é uma necessidade básica e profunda.

O Tantra diz para não tentar fugir – não existe fuga possível. Melhor usar a própria natureza para transcender. Não lute! Aceite a natureza para transcendê-lo. Se essa comunhão com a pessoa amada se prolongar, sem o término, apenas permanecendo no começo... A excitação é energia, e você pode perdê-la, você pode chegar ao clímax e então a energia é perdida e uma depressão e uma fraqueza se seguirão. Você pode tomar isso como relaxamento – ele é negativo.

O Tantra lhe dá uma dimensão de um relaxamento superior, o qual é positivo. Ambos os parceiros encontram um ao outro e dão energia vital ao outro; eles se tornam um círculo e a energia deles começa a se mover em um círculo. Eles estão dando vida ao outro, renovando a vida. Nenhuma energia é perdida, e em vez disso, mais energia é ganha, pois por meio do contato com o sexo oposto todas as suas células são provocadas e excitadas. E se você puder se fundir nesse excitamento sem o levar a um clímax, permanecendo no princípio, sem ficar quente e permanecendo morno, essas duas calorosidades se encontrarão.

Você pode prolongar o ato por um período muito longo. Sem ejaculação, sem jogar fora a energia, isso se torna uma meditação. E através dela você se torna inteiro e sua personalidade dividida não fica mais dividida – há uma ponte.

Toda neurose é cisão. Se você se unir novamente, se tornará novamente uma criança, inocente. E uma vez conhecida essa inocência, você pode continuar a se comportar em sua sociedade como ela requer, mas agora esse comportamento é apenas um teatro, uma encenação. Você não se envolve; é uma exigência e você o faz, mas você não está na coisa, e sim apenas encenando. Você terá que usar faces irreais, pois você vive em um mundo irreal; senão, o mundo o esmagará e o matará.

Assassinamos muitas faces reais. Crucificamos Jesus porque ele começou a se comportar como um ser humano real. A sociedade irreal não tolerará isso. Envenenamos Sócrates porque ele começou a se comportar como um ser humano real.

Comporte-se como a sociedade exige; não crie dificuldades desnecessárias para você mesmo e para os outros. Mas uma vez conhecido o seu ser real e a totalidade, a sociedade irreal não poderá levá-lo à neurose, não poderá deixá-lo louco.

No início da união sexual, mantenha-se atento ao fogo do princípio e, assim continuando, evite as brasas do final.

Se houver a ejaculação, a energia será dissipada e não haverá mais fogo. Sem nada ganhar, você ficará simplesmente aliviado de sua energia.

O segundo sutra:

Quando em tal abraço seus sentidos forem sacudidos como folhas, entre nesse sacudir.

Enquanto *em tal abraço* – em tal profunda comunhão com o ser amado – *seus sentidos forem sacudidos como folhas, entre neste sacudir.*

Nós até mesmo ficamos com medo... enquanto fazemos amor, não permitimos que nossos corpos se mexam muito – pois se seus corpos tiverem permissão de se mexerem muito, o ato sexual se espalhará por todo o corpo. Você pode controlá-lo quando ele está localizado no centro sexual; a mente pode permanecer no controle. Mas quando ele se espalha por todo o corpo, você não pode controlá-lo. Você pode começar a sacudir e a gritar, e não será capaz de controlar seu corpo quando este assume o comando.

Suprimimos os movimentos, e em todo o mundo suprimimos particularmente todos os movimentos e todo o sacudir das mulheres; elas permanecem como cadáveres. Os homens fazem algo a elas e elas nada fazem a eles; elas são apenas parceiras passivas. Por que isso aconteceu? Por que em todo o mundo os homens suprimiram as mulheres desta maneira? Existe um receio, pois uma vez que o corpo de uma mulher fique possuído, torna-se muito difícil para um homem orgasmos. Então fica difícil; como administrar isso?

Ela imediatamente precisa de outro homem, e o sexo em grupo é tabu, e por todo o mundo criamos sociedades monogâmicas. Portanto, é melhor suprimir a mulher, e com isso, oitenta a noventa por cento das mulheres nunca conheceram realmente o que é o orgasmo. Elas podem dar nascimento a crianças, mas isso é outra coisa; elas podem satisfazer o homem, e isso também é outra coisa. Mas elas próprias nunca estão satisfeitas. Dessa maneira, se você percebe muita amargura nas mulheres por todo o mundo –

tristeza, amargura, frustração –, isso é natural. A necessidade básica delas não é satisfeita.

Sacudir é simplesmente maravilhoso, pois quando você sacode em seu ato sexual, a energia começa a fluir e a vibrar por todo o corpo. Cada célula do corpo fica envolvida, torna-se viva, pois toda célula é uma célula sexual.

Quando você nasceu, duas células sexuais se encontraram e seu ser foi criado, seu corpo foi criado. Essas duas células sexuais estão em todos os lugares de seu corpo. Elas se multiplicaram muitas vezes, mas sua unidade básica permanece a célula sexual. Quando você sacode todo o corpo, não se trata somente de um encontro entre você e o ser amado; dentro de seu corpo também, cada célula está se encontrando com a célula oposta, e esse sacudir demonstra isso. Parecerá animalesco, mas o ser humano *é* um animal, e não há nada de errado nisso.

Este segundo sutra diz:

Quando em tal abraço seus sentidos forem sacudidos como folhas...

Um vento forte está soprando e a árvore está sacudindo, mesmo as raízes estão sacudindo, cada folha está sacudindo. Seja como uma árvore! Um vento forte está soprando, e o sexo é um vento forte – uma forte energia soprando através de você. Sacuda! Vibre! Permita que cada célula de seu corpo dance. E isso deveria ser para ambos; o ser amado também está dançando, cada célula vibrando. Somente então vocês dois poderão se encontrar, e esse encontro não é mental, e sim um encontro de suas bioenergias.

Entre nesse sacudir, e enquanto estiver sacudindo, não permaneça distante, não seja um espectador, pois a mente é a espectadora. Não fique à parte! *Seja* o sacudir, *torne-se* o sacudir. Esqueça-se de tudo e seja o sacudir. Não é que o seu corpo esteja sacudindo: é você, todo o seu ser. Você se tornou o próprio sacudir. Então, não existem dois corpos e duas mentes.

No princípio, duas energias sacudindo... e no final, apenas um círculo, e não dois.

O que acontecerá neste círculo? Um, vocês serão parte de uma força existencial – não de uma mente social, mas de uma força existencial. Vocês serão parte de todo o cosmos; neste sacudir, vocês serão parte de todo o cosmos. Este momento é de grande criação; vocês se dissolvem como corpos sólidos e se tornam líquidos, fluindo um no outro. A mente e a divisão são perdidas e vocês têm uma unidade.

Isso é *adwaita*, não dualidade. E se você não puder sentir essa não dualidade, então todas as filosofias da não dualidade serão inúteis, não passarão de palavras. Uma vez conhecido esse momento existencial não dual, somente então você poderá entender os Upanixades e os místicos, o que eles estão falando – uma unidade cósmica, uma inteireza. Então, você não está separado do mundo, não é um estranho a ele, e a existência se torna o seu lar.

E com essa sensação, de que "agora me sinto em casa com a existência", todas as preocupações são dissipadas. Então, não existe angústia, luta ou conflito. Lao Tzu chama isso de Tao, e Shankara o chama de *adwaita*. Você pode escolher sua própria palavra, mas ela é fácil de sentir por meio de um profundo abraço amoroso. Mas esteja vivo, sacuda-se e torne-se o próprio sacudir.

O terceiro sutra:

Mesmo lembrando-se da união, sem o abraço, a transformação.

Uma vez que você conheça, mesmo o parceiro não é necessário; você pode simplesmente lembrar-se do ato e entrar nele. Mas primeiro precisa ter a sensação. Se você conhecer a sensação, poderá penetrar no ato sem o parceiro. É um pouco difícil, mas acontece, e a menos que aconteça, você continuará sendo dependente – uma dependência é criada. Isso acontece por muitas razões.

Se você teve a sensação, se conheceu o momento quando você não estava ali, mas somente uma energia vibrando na qual você se unificou, e havia um círculo com o parceiro... naquele momento não existe parceiro algum. Somente você existe, e para o parceiro você não existe; somente ele ou ela existe...

Em razão dessa unidade estar centrada dentro de você, o parceiro não está mais ali. E é mais fácil para as mulheres ter essa sensação, pois elas sempre fazem amor com os olhos fechados.

Durante essa técnica, é bom manter os olhos fechados. Existe então somente uma sensação interior de um círculo, de unidade. Simplesmente lembre-se disto. Feche os olhos, deite-se como se estivesse com o parceiro, e apenas se lembre e comece a sentir. Seu corpo começará a sacudir e a vibrar. Permita-o e esqueça-se completamente de que o outro não está presente, e se mexa como se ele estivesse. Somente no começo é um "como se". Uma vez que você o conheça, não é "como se"; então o outro está ali.

Mexa-se como se você estivesse realmente entrando no ato de amor. Faça tudo o que você faria com seu parceiro; grite, se mova, sacuda. Logo o círculo estará aí – e esse círculo é miraculoso. Logo você sentirá que o círculo estará criado, e agora este círculo não é criado com um homem e uma mulher. Se você for homem, então todo o universo se tornou mulher; se você for mulher, então todo o universo se tornou homem. Agora você está em profunda comunhão com a própria existência, e a porta, o outro, não está mais ali.

O outro é simplesmente uma porta. Ao fazer amor com uma mulher, na verdade você está fazendo amor com a própria existência. A mulher é apenas uma porta, o homem é apenas uma porta. O outro é apenas uma porta para o todo. Mas você está com tamanha pressa que nunca sente isso. Se você permanecer na comunhão, em um profundo abraço por horas, você se esquecerá do outro e o outro se tornará apenas uma extensão do todo.

Uma vez conhecida, você poderá usar essa técnica sozinho. E quando você puder usá-la sozinho, ela lhe proporcionará uma nova liberdade – liberdade do outro. Na verdade acontece de toda a existência se tornar o outro – o ser amado. E então esta técnica pode ser usada continuamente, e a pessoa pode permanecer em constante comunhão com a existência.

E então você pode praticar essa técnica também em outras dimensões. Ao andar pela manhã, você pode praticá-la. Você está em comunhão com o ar, com o sol nascente, o céu e as árvores. Ao fitar as estrelas à noite, você pode praticá-la; ao olhar para a lua, você pode praticá-la. Uma vez que você saiba como acontece, você pode estar no ato sexual com todo o universo. Mas é bom começar com seres humanos, pois eles estão mais próximos de você – a parte mais próxima do universo.

Mas eles são dispensáveis; você pode dar um salto e se esquecer completamente da porta.

Mesmo lembrando-se da união... a transformação.

E você será transformado, se tornará novo.

O Tantra usa o sexo como um veículo. Ele é energia e pode ser usado como um veículo. Ele pode transformá-lo e propiciar-lhe estados transcendentais.

Mas da maneira que estamos usando o sexo, isso parece-nos difícil, pois o estamos usando de uma maneira muito errada. E a maneira errada não é natural; os animais são melhores do que nós. Eles o estão usando de uma maneira natural; nossas maneiras são pervertidas.

O constante martelar sobre a mente humana de que o sexo é pecado criou uma profunda barreira dentro de você. Você nunca se permite uma entrega total. Algo sempre se mantém a distância, condenando, e mesmo para a nova geração... as pessoas da nova geração podem dizer que não estão oprimidas e obcecadas e que o sexo não é um tabu para elas, mas não se pode desoprimir o inconsciente tão facilmente. Ele foi construído por séculos e séculos, e todo o passado humano está nele. Portanto, enquanto conscientemente você pode não estar condenando-o como um pecado, o inconsciente está presente e constantemente o condenando. Você nunca está totalmente no sexo; algo sempre é deixado para fora, e essa parte deixada para fora cria a divisão.

O Tantra diz para entrar totalmente no sexo; simplesmente se esqueça de si mesmo, de sua civilização, religião, cultura, ideologia... Esqueça-se de tudo! Simplesmente entre nele totalmente; não deixe nada de fora, torne-se absolutamente não pensamento. Somente então acontece a percepção de que você se tornou uno com alguém.

E essa sensação de unidade pode então ser separada do parceiro e ser usada com todo o universo. Você pode estar em um ato sexual com uma árvore, com a lua com qualquer coisa! Uma vez que saiba como criar esse círculo, ele poderá ser criado com qualquer coisa – mesmo com nada. Você pode criar esse círculo dentro de você, pois o homem é ambos, homem e mulher, e a mulher é ambos, homem e mulher. Você é ambos, pois foi criado por dois, homem e mulher; portanto, metade de você permanece o outro. Você pode se esquecer de tudo completamente e o círculo pode ser criado dentro de si. E uma vez que isso ocorra – o seu homem encontrando a sua mulher, a mulher interna encontrando o homem interno –, você estará em um abraço dentro de você mesmo. E somente quando esse círculo for criado atinge-se o celibato real. Do contrário, todos os celibatos são apenas perversões e criam seus próprios problemas. Neste círculo, quando criado dentro, você é livre. É isto o que o Tantra diz: o sexo é a escravidão mais profunda, mesmo assim pode ser usado como um veículo para a liberdade mais elevada. O Tantra diz que o veneno pode ser usado como remédio – sabedoria é necessária.

Assim, não condene nada; em vez disso, use-o. E não seja contra nada. Descubra maneiras de como ele pode ser usado e transformado. O Tantra é uma profunda e total aceitação da vida. A única abordagem... em todo o mundo, em todos os séculos que se passaram, o Tantra é ímpar. Ele diz: não jogue fora nada, não seja contra nada e não crie qualquer conflito, pois com qualquer conflito você será destrutivo consigo mesmo. Todas as religiões são contra o sexo, têm medo dele, pois ele é uma energia enorme. Uma vez que você esteja nele, você não está mais no comando, e então a corrente o levará a qualquer lugar; este é o motivo do medo. Assim: "Crie uma barreira, de tal modo que você e a corrente se tornem dois! E não permita que essa energia vital tome posse de você – seja o senhor dela!". Somente o Tantra diz que esse domínio será falso, doentio e patológico, pois você não pode realmente ficar separado desta corrente. Você é ela! Portanto, todas as divisões serão falsas e arbitrárias. E, basicamente, nenhuma divisão é possível, pois você é a corrente – parte e parcela dela, uma onda nela. Você pode se congelar e se separar da corrente, mas esse congelamento será a morte. E a humanidade se tornou morta; ninguém está realmente vivo – apenas pesos mortos flutuando na corrente. Dissolva-se! O Tantra diz para você tentar se dissolver. Não se torne como os icebergs: dissolva-se e se torne uno com o rio.

Torne-se uno com o rio, sinta-se uno com o rio, funda-se nele, esteja consciente, e haverá transformação – *há* transformação. A transformação não vem por meio do conflito, mas da consciência.

Essas três técnicas são muito, muito científicas, mas então o sexo se torna algo diferente do que você conhece; então ele não é um alívio temporário, não é jogar energia fora; então não há final para ele, e ele se torna um círculo meditativo.

Mais algumas técnicas relacionadas:

Ao alegremente ver um amigo há muito ausente, penetre nesta alegria.

Entre nesta alegria e torne-se uno com ela – qualquer alegria, qualquer felicidade. Este é apenas um exemplo:

Ao alegremente ver um amigo há muito ausente...

De repente você encontra um amigo que não vê há muitos e muitos dias ou anos. Uma repentina alegria o apanha; mas sua atenção estará sobre o amigo, e não sobre sua alegria; dessa maneira você perde algo. E esta alegria é momentânea, e sua atenção está focada no amigo. Você começará a conversar, a se lembrar de coisas, e perderá essa alegria e ela irá embora.

Quando você encontrar um amigo e repentinamente sentir uma alegria surgindo em seu coração, concentre-se nesta alegria, sinta-a e torne-se ela. E encontre o amigo estando consciente e preenchido com sua alegria. Deixe que o amigo esteja na periferia, e permaneça centrado em sua sensação de felicidade.

Isso pode ser feito em muitas outras situações. O sol está nascendo, e de repente você sente algo nascendo dentro de você. Então, se esqueça do sol; deixe que ele permaneça na periferia. Esteja centrado em sua própria sensação da energia nascendo. No momento em que você olhar para ela, ela se espalhará, se tornará todo o seu corpo, todo o seu ser. E não seja simplesmente um observador dela – funda-se nela! Existem muito poucos momentos em que você sente alegria, felicidade e bem-aventurança, mas os perdemos continuamente, pois ficamos centrados no objeto.

Sempre que há alegria, você sente que ela está vindo de fora. Você viu um amigo; é claro, parece que a alegria está vindo de seu amigo, ao vê-lo. Na verdade, esse não é o caso; a alegria está sempre dentro de você. O amigo se tornou apenas uma situação, ajudou-a a sair, mas ela está aí. E isso não ocorre apenas com a alegria, mas com tudo: com a raiva, a tristeza, a infelicidade, a felicidade – com tudo é assim. Os outros são somente situações nas quais o que está oculto dentro de você é expresso. Eles não são as causas, não estão causando algo em você. Tudo o que estiver acontecendo, estará acontecendo a você; isso sempre esteve aí, e este encontro com um amigo somente se tornou uma situação na qual tudo o que estava oculto se desvendou, saiu. Das fontes ocultas, tornou-se aparente e manifesto.

Sempre que isso acontecer, permaneça centrado no sentimento interior, e então sua vida terá uma atitude diferente a respeito de tudo. Faça isso mesmo com emoções negativas.

Quando você estiver com raiva, não fique centrado na pessoa que a levantou; deixe que ela fique na periferia. Você simplesmente se torna a raiva e a sente em sua totalidade – permita que ela aconteça dentro. Não racionalize e não diga: "Esta pessoa a criou". Não condene a pessoa; ela se tornou apenas uma situação. E sinta-se grato a ela, pois algo que estava escondido eclodiu. Ela acertou algum lugar, e uma ferida estava ali oculta. Agora você a conhece – torne-se a ferida.

Com o negativo e o positivo, em qualquer emoção, use isso e haverá uma grande mudança em você. Se a emoção for negativa, você ficará livre dela ao ficar consciente de que ela está dentro de você; se a emoção for positiva, você se tornará a própria emoção. Se for alegria, você se tornará alegria; se for raiva, a raiva será dissolvida.

E esta é a diferença entre emoções negativas e positivas. Se você ficar consciente de uma certa emoção, e com isso ela se dissolver, então ela é negativa. Se ao se tornar consciente de uma certa emoção, você se torna a emoção e ela se espalha e se torna o seu ser, então ela é positiva.

A perceptividade funciona diferentemente em ambas. Se ela for venenosa, você se livra dela pela consciência; se ela for boa, bem-aventurada, extasiada, você se torna uno com ela; a consciência a aprofunda.

Portanto, para mim este é o critério: se algo for aprofundado pela sua consciência, ele é bom, e se algo for dissolvido através da consciência, ele é mau. Aquilo que não pode permanecer com a consciência é pecado, e aquilo que cresce com a consciência é virtude. A virtude e o pecado não são conceitos sociais, mas realizações interiores.

Use sua consciência. É como: se houver escuridão e você trouxer luz, escuridão não existirá mais. Apenas por introduzir a luz, a escuridão não está mais ali – pois, realmente, ela não estava ali. Ela era negativa, apenas a ausência da luz. Mas muitas coisas se tornarão manifestas, as quais estão ali. Apenas por trazer a luz, essas prateleiras, esses livros, essas paredes não desaparecerão. Não escuridão eles não estavam aqui; você não podia vê-los. Se você introduzir a luz, a escuridão não estará mais presente, mas aquilo que é real será revelado.

Através da consciência, tudo o que for negativo como a escuridão se dissolverá – o ódio, a raiva, a tristeza, a violência. E o amor, a alegria e o êxtase pela primeira vez irão se revelar a você.

Ao alegremente ver um amigo há muito ausente, penetre nesta alegria.

A quinta técnica:

Ao comer ou beber, torne-se o paladar da comida ou da bebida, e seja preenchido.

Seguimos comendo coisas, não podemos viver sem elas, mas as comemos muito inconsciente e automaticamente, como robôs. O paladar não é vivido e você fica apenas se empanturrando. Vá devagar, e tenha consciência do sabor. E você pode ficar consciente somente quando for devagar. Não fique apenas a engolir coisas; saboreu-as, sem pressa, e torne-se O paladar. Quando você sentir a doçura, torne-se essa doçura. E então ela pode ser sentida por todo o corpo – não apenas na boca ou na língua. Ela pode ser sentida em todo o corpo! Uma certa doçura se espalhando em ondulações... ou qualquer outra coisa! Para qualquer coisa que você esteja comendo, sinta o paladar e torne-se o paladar. É por isso que o Tantra parece bem o contrário das outras tradições.

Os jainistas dizem: "Não sintam o sabor – *aswad*". Mahatma Gandhi tinha isso como uma regra em seu *ashram*: "*Aswad* – não saboreie nada. Coma, mas não saboreie, esqueça-se do paladar. O comer é uma necessidade; faça-o de uma maneira mecânica. O sabor é desejo, portanto não saboreie". O Tantra diz para saborear tanto quanto possível, para ser mais sensível e vivo; e não somente sensível – torne-se o sabor.

Com o *aswad*, com a ausência do paladar, seus sentidos serão amortecidos, ficarão cada vez menos sensíveis. E com essa diminuição da sensibilidade você não será capaz de sentir seu corpo e seus sentimentos. Então, você permanecerá apenas centrado na cabeça, e esse centramento na cabeça é a divisão. O Tantra diz para não criar qualquer divisão dentro de você. É belo saborear, ser sensível, e quanto mais sensível você for, mais vivo será, e quanto mais vivo você for, mais vida entrará em seu ser interior. Você ficará mais aberto.

Você pode comer coisas sem saborear, não é difícil; você pode tocar alguém sem tocar, não é difícil. Já estamos fazendo isso. Você aperta a mão de alguém sem o tocar – pois, para tocar, você precisa vir à mão, mover-se para a mão; você precisa se tornar os seus dedos e a sua palma – como se você, a sua alma, chegassem na mão. Somente então você pode tocar. Você pode tomar a mão de alguém em sua mão e ausentar-se. Você pode se ausentar, e então a mão morta estará ali. Parece um toque, mas não é.

Não estamos tocando! Temos medo de tocar as pessoas, pois o tocar se tornou simbolicamente sexual. Você pode estar em uma multidão, em um trem, em um vagão, tocando muitas pessoas, mas você não as está tocando e elas não o estão tocando. Somente corpos estão em contato, mas você está afastado. E você pode sentir a diferença; se você realmente tocar alguém da multidão, ele se sentirá ofendido. Seu corpo pode tocar, mas você não deveria entrar naquele corpo. Você deve permanecer a distância, como se não estivesse no corpo e fosse somente um corpo morto tocando.

Esta insensibilidade é ruim, pois você está se defendendo contra a vida. Estamos com tanto medo da morte, e já estamos mortos. Não precisamos realmente ficar com medo, pois ninguém vai morrer – você já está morto! E é por isso que temos medo, pois não vivemos. Perdemos a vida, e a morte está vindo...

Uma pessoa viva não tem medo da morte, pois ela está vivendo! Enquanto você estiver vivendo realmente, não existirá o medo da morte. Você pode mesmo viver a morte. Quando a morte vier, será muito sensível a ela e a desfrutará; será uma grande experiência. Se você estiver vivo, poderá viver mesmo a morte, e então a morte não estará mais presente. Se você puder viver mesmo a morte, se puder ficar até mesmo sensível a seu corpo a morrer, e você está se retirando do centro e se dissolvendo... se puder viver mesmo isso, você se tornou imortal.

Ao comer ou beber, torne-se o paladar da comida ou da bebida, e seja preenchido... e seja preenchido pelo paladar.

Ao beber água, sinta o frescor. Feche os olhos... beba lentamente... saboreie. Sinta o frescor e sinta que você se tornou esse frescor – pois o frescor está sendo transferido da água para você. Ele está se tornando parte de seu corpo. Sua boca está tocando, sua língua está tocando, e o frescor é transferido. Permita que ele aconteça ao todo de seu corpo, permita que suas ondulações se espalhem, e você sentirá um frescor por todo o seu corpo. Desta maneira a sua sensibilidade pode aumentar e você pode ficar mais vivo e mais pleno.

Estamos frustrados, sentindo-nos vagos, vazios, e ficamos a dizer que a vida é vazia. Mas somos a razão dela ser vazia. Não a estamos preenchendo e não estamos permitindo que nada a preencha. Temos uma armadura à nossa volta, uma armadura de defesa, com medo de ficar vulnerável, e então ficamos a nos defender de tudo e nos tornamos um túmulo, uma coisa morta.

O Tantra diz: seja vivo, mais vivo, pois *a vida é Deus*. Não existe nenhum outro Deus além da vida. Seja mais vivo e será mais divino, seja totalmente vivo e não haverá morte para você.

O Orgasmo Cósmico Através do Tantra

"O sexo é apenas o começo,
e não o final, mas se você
perder o começo,
perderá também o final."

Antes de considerar as suas questões, alguns outros pontos precisam ser esclarecidos, pois esses pontos o ajudarão a entender melhor o que o Tantra significa. O Tantra não é um conceito moral; ele não é nem moral nem imoral – ele é amoral. Ele é uma ciência, e a ciência não é nenhum dos dois. Sua moralidade e os conceitos a respeito do comportamento moral são irrelevantes para o Tantra. Ele não está interessado em como a pessoa deveria se comportar, não está interessado em ideais, mas basicamente e que é, no que você é. Essa distinção precisa ser fundamente.

A moralidade está interessada em ideais – como você deveria ser, o que você deveria ser. Portanto, a moralidade é basicamente condenatória. Você nunca é o ideal, então você é condenado. Toda moralidade cria a culpa. Você nunca pode se tornar o ideal, e fica sempre para trás. A brecha estará sempre presente, pois o ideal é o impossível; e através da moralidade ele se torna mais impossível. O ideal existe no futuro e você está aqui como é, e você fica a comparar. Você nunca é o ser humano perfeito; algo está faltando e se sente culpado, sente uma autocondenação.

Uma coisa: o Tantra é contra a condenação, pois a condenação nunca pode transformá-lo, mas somente criar hipocrisia. Desse modo, você tenta e finge mostrar aquilo que você não é. A hipocrisia significa que você é o ser humano real, e não o ideal, mas finge mostrar ser o ideal. Então, você tem uma divisão dentro de si, tem uma face falsa. Assim nasce o ser humano irreal, e o Tantra basicamente é uma procura pelo ser humano real, e não pelo irreal.

Toda moralidade necessariamente cria a hipocrisia; será sempre assim. A hipocrisia permanecerá com a moralidade, pois é parte dela – a sombra. Isso parecerá paradoxal, porque os moralistas são as pessoas que mais condenam a hipocrisia, e eles são os criadores dela. E a hipocrisia não pode desaparecer da terra, a menos que a moralidade desapareça. Ambas existirão juntas, são aspectos da mesma moeda, pois a moralidade lhe dá o ideal, e você não é o ideal; é por isso que o ideal lhe é dado. Você começa a sentir que está errado, mas esse errado é natural, ele lhe é dado, você nasce com ele e não pode imediatamente fazer nada a respeito; você não pode transformá-lo, não é tão fácil. Você pode reprimi-lo, e isso é fácil.

Portanto, você pode fazer duas coisas: criar uma face falsa e fingir ser algo que você não é. Isso o salva. Na sociedade você pode se movimentar mais fácil e convenientemente, e por dentro você precisa reprimir o real, pois o irreal pode ser imposto somente se o real for reprimido. Dessa forma, sua realidade segue se movendo para baixo, em direção ao inconsciente, e sua irrealidade se torna seu consciente. Sua parte irreal se torna mais proeminente e a real recua. Você fica dividido, e quanto mais você tenta fingir, maior será a brecha.

A criança nasce una, inteira. É por isso que toda criança é tão bonita. A beleza se deve à totalidade. A criança não tem brechas, cisões, divisões ou fragmentos. A criança é una; o real e o irreal não estão presentes e a criança é simplesmente real e autêntica. Não se pode dizer que a criança seja moral; ela não é moral nem imoral, e simplesmente não está ciente de que há algo moral ou imoral. No momento em que ela fica ciente, começa a cisão, e então começa a se comportar de maneiras irreais, pois ser real fica cada vez mais difícil.

Lembre-se, isso acontece por necessidade, pois a família precisa regular, os pais precisam regular. A criança precisa ser civilizada, educada, receber boas maneiras, bons costumes, e não seria impossível para ela entrar na sociedade. É preciso que lhe digam: "Faça isso, não faça aquilo". E quando dizemos: "Faça isso", a realidade da criança pode não estar pronta para fazê-lo, aquilo pode não ser real, pode não haver nenhum desejo real dentro da criança para fazê-lo. E quando dizemos: "Não faça isso ou não faça aquilo", a natureza da criança pode querer fazê-lo.

Condenamos o real e forçamos o irreal, pois o irreal será de ajuda em uma sociedade irreal e será conveniente onde todos os demais são falsos. O real não será conveniente. Uma criança real estará em uma dificuldade básica com a sociedade, pois a sociedade inteira é irreal. Este é um círculo vicioso. Nascemos em uma sociedade, e até agora não existiu na terra nem uma única sociedade que fosse real. Isso é vicioso! Uma criança nasce em uma sociedade, e a sociedade já existe com as suas regras fixas, regulamentações, comportamentos, moralidades... a criança precisa aprender.

Quando ela crescer, se tornará falsa. Então, ela gerará outras crianças e as ajudará a torná-las falsas, e isso segue adiante. O que fazer? Não podemos mudar a sociedade; ou, se tentarmos, não estaremos presentes quando a sociedade mudar, pois isso levará uma eternidade. O que fazer?

O indivíduo pode ficar consciente desta divisão interna básica: o real foi reprimido e o irreal foi imposto. Isso é dor, sofrimento, o inferno. Não podemos obter qualquer satisfação através do irreal, pois por meio dele são possíveis somente satisfações irreais. E isso é natural. Somente através do real podem acontecer satisfações reais; por intermédio do real você pode alcançar a realidade, a verdade, e através do irreal você pode alcançar cada vez mais alucinações, ilusões e sonhos. E através de sonhos você pode enganar a si mesmo, mas nunca pode ficar satisfeito.

Por exemplo, se você sentir sede em um sonho, poderá sonhar que está bebendo água; isso será de ajuda e conveniente para o sono continuar. Se esse sonho não acontecer; no qual você sonha que está bebendo água, seu sono será interrompido. Há uma sede real, e ela interromperá o sono; o sono será perturbado. O sonho é uma ajuda, ele lhe dá a sensação de que você está bebendo água, mas a água é falsa e sua sede é simplesmente ludibriada, e não removida. Você pode continuar a dormir, mas a sede estará ali, reprimida.

Isto está acontecendo – não somente no sono, mas em toda a sua vida. Você está procurando por coisas através da personalidade irreal, a qual não existe e que é apenas uma fachada. Se você não as obtiver, ficará infeliz; se as obtiver, então também ficará infeliz. Se você não as obtiver, a infelicidade será menor, lembre-se; se as obtiver, a infelicidade será mais profunda e maior.

Os psicólogos dizem que em virtude dessa personalidade irreal, basicamente nunca desejamos alcançar o objetivo – basicamente nunca desejamos alcançar, pois se você alcança, ficará totalmente frustrado. Vivemos na esperança, e nela podemos continuar. A esperança é um sonho! Você nunca atinge o objetivo, assim nunca chega a perceber que o objetivo é falso.

Um pobre lutando por riquezas é mais feliz na luta, porque há esperança. E com a personalidade irreal, somente a esperança é felicidade. Se o pobre obtiver a riqueza, ele ficará desesperançado, e agora a frustração será a consequência natural. As riquezas estão aí, mas a satisfação não está. Ele alcançou o objetivo, mas nada aconteceu; suas esperanças são despedaçadas. É por isso que no momento em que uma sociedade fica rica, ela fica perturbada.

Se os Estados Unidos são tão perturbados hoje, é em razão de as esperanças e os objetivos terem sido alcançados e agora você não poder se enganar mais. Portanto, se nos Estados Unidos a geração mais jovem está se revoltando contra todos os objetivos da geração mais velha, é por este motivo: todos eles provaram ser tolices.

Na Índia não podemos conceber isto, os jovens *voluntariamente* ficarem pobres, *hippies* – voluntariamente ficarem pobres! Não podemos conceber isso. Ainda temos esperança, estamos esperando no futuro que algum dia o país seja rico, e então haverá o paraíso. O paraíso está sempre na esperança.

Em função dessa personalidade irreal, tudo o que você tentar, fizer e procurar se tornará irreal. O Tantra diz que a verdade pode lhe acontecer somente se você novamente se enraizar no real. Mas para se enraizar no real, você precisa ser muito corajoso consigo mesmo, pois o irreal é conveniente e muito cultivado, sua mente está muito condicionada de tal modo que você ficará com medo do real.

Alguém perguntou: "Ontem você disse para estar totalmente no ato do amor" – para desfrutá-lo, sentir a sua bem-aventurança, permanecer nele, e quando o corpo começar a sacudir, ser esse sacudir. Então, alguém perguntou: "O que você está nos ensinando – indulgência? Isso é perversão!". Essa é a personalidade irreal falando por você.

A personalidade irreal sempre é contra desfrutar algo; ela está sempre contra *você*. Você não deve desfrutar. Ela é sempre a favor de sacrificar coisas – sacrificar você, sacrificar você pelos outros... Parece bonito, pois crescemos nisto: "Sacrifique-se pelos outros – isso é altruísmo! Se você estiver tentando desfrutar a si mesmo, isso é egoísmo". E no momento em que alguém diz que isso é egoísmo, isso se torna pecado.

Mas lhe digo, o Tantra é uma abordagem basicamente diferente. Ele diz que a menos que você possa desfrutar a si mesmo, você não pode ajudar ninguém a desfrutar. A menos que você esteja realmente satisfeito com você mesmo, você não pode servir os outros, não pode auxiliá-los a ir em direção às suas satisfações. A menos que você esteja transbordante com sua própria bem-aventurança, você é um perigo para a sociedade, pois uma pessoa que sacrifica sempre se torna sádica. Se sua mãe fica lhe dizendo: "Eu me sacrifiquei por você", ela o torturará. Se o marido vive dizendo à esposa: "Estou me sacrificando", ele será um torturador sádico, ele torturará. O sacrifício é apenas um truque para torturar o outro.

Assim, aqueles que estão sempre se sacrificando são muito perigosos, potencialmente perigosos. Tome cuidado com eles, e não se sacrifique. A própria palavra é feia. Desfrute a si mesmo, seja preenchido pela bem-aventurança, e quando você estiver transbordando com sua bem-aventurança, ela alcançará também os outros. Mas esse não é um sacrifício. Ninguém está em dívida com você e ninguém necessita lhe agradecer. Em vez disso, você se sentirá grato aos outros por eles estarem participando em sua bem-aventurança. Palavras como "sacrifício", "obrigação" e "serviço" são feias e violentas.

O Tantra diz: a menos que *você* esteja preenchido com a luz, como você pode ajudar o outro a se iluminar? Seja egoísta, e somente então você pode ser altruísta; caso contrário, todo o conceito de altruísmo é absurdo. Seja feliz, e somente então você pode ajudar os outros a serem felizes. Se você estiver triste, infeliz ou amargurado, será violento com os outros e criará infelicidade para eles.

Você pode se tornar um *mahatma* – isso não é muito difícil –, mas olhe para os seus *mahatma*. Eles estão tentando de todas as maneiras torturar qualquer um que venha a eles. Mas a tortura deles é muito enganosa, eles o torturam "para o seu próprio bem". E porque eles estão se torturando, não se pode dizer que "você está nos ensinando algo que não pratica". Eles já estão praticando, estão se torturando, e agora podem torturar você. E quando a tortura é para o seu próprio bem, essa é a mais perigosa – você não pode escapar dela.

E o que está errado em desfrutar a si mesmo? O que está errado em ser feliz? Se houver algo errado, esse algo está sempre em sua infelicidade, pois uma pessoa infeliz cria ondas de infelicidade à sua volta. Seja feliz! E o ato sexual, o amor, pode ser uma das maneiras mais profundas pela qual a bem-aventurança pode ser atingida.

O Tantra não ensina sexualidade; ele está simplesmente dizendo que o sexo pode ser uma fonte de bem-aventurança. E uma vez que você conheça *essa* bem-aventurança, você pode ir mais longe, pois agora está embasado na realidade. A pessoa não deve permanecer para sempre no sexo, mas pode usá-lo como um trampolim. É isto o que o Tantra quer dizer: você pode usá-lo como um trampolim. E uma vez conhecido o êxtase do sexo, pode-se entender o que os místicos têm falado – um orgasmo maior, um orgasmo cósmico.

Meera está dançando, e você não pode compreendê-la, nem as suas canções. Elas *são* sexuais, a simbologia é sexual. E é fatal que seja, pois na vida humana o ato sexual é o único ato no qual você vem a sentir a não dualidade, no qual você vem a sentir uma profunda unidade, no qual o passado e o futuro desaparecem e somente permanece o momento presente – o único momento real.

Portanto, todos esses místicos que realmente conheceram a unidade com o divino, com a própria existência, sempre usaram termos e símbolos sexuais para expressar suas experiências. Não existe outra simbologia que chegue mais perto disso.

O sexo é apenas o começo, e não o fim, mas se você perder o começo, perderá também o final. E você não pode escapar do começo para alcançar o fim.

O Tantra diz para tomar a vida naturalmente, para não ser irreal. O sexo existe – uma profunda possibilidade, um grande potencial. Use-o! E o que está errado em ser feliz nele? Realmente, todas as moralidades são contra a felicidade. Alguém está feliz e você sente que algo saiu errado, e quando alguém está triste, tudo está bem. Vivemos em uma sociedade neurótica em que tudo é triste. Quando você está triste, todos estão felizes. Pois todos podem sentir pena de você. Quando você está feliz, todos ficam perdidos – o que fazer com você? Quando alguém sentir pena de você, olhe para a face dele. A face brilha, um resplandecer sutil vem à face. Ele está feliz por sentir pena. Se você está feliz, então não há possibilidade – sua felicidade criará tristeza nos outros e sua infelicidade criará felicidade. Isso é neurose! A própria fundação parece estar louca.

O Tantra diz para ser real, para ser autêntico consigo mesmo. Sua felicidade não é ruim; ela é boa, não é um pecado. Somente a tristeza é pecado, somente ser infeliz é pecado. Ser feliz é virtude, pois uma pessoa feliz não criará infelicidade aos outros; somente uma pessoa feliz é e pode ser uma base para a felicidade dos outros.

Em segundo lugar, quando digo que o Tantra não é moral nem imoral, quero dizer que ele é basicamente uma ciência. Ele vê em você o que você é. Isso não quer dizer que o Tantra não tenta transformá-lo, mas ele o transforma através da realidade. A diferença é como a magia e a ciência – essa é a mesma diferença entre a moralidade e o Tantra. A magia também tenta transformar as coisas por meio de palavras, sem conhecer a realidade. Um mágico pode dizer: "Agora as chuvas cessarão", mas ele não pode cessá-las realmente. Ou ele dirá: "Agora as chuvas virão", porém ele não pode começá-las, mas simplesmente continuar a usar palavras.

Algumas vezes acontecerão coincidências, e então ele se sentirá poderoso. E se a coisa não acontecer de acordo com sua profecia mágica, ele sempre poderá dizer: "O que saiu errado?". Essa possibilidade está sempre oculta em sua profecia. Com a magia tudo começa com o "se". Ele pode dizer: "Se todos forem bons e virtuosos, então as chuvas cairão em determinado dia". Se a chuva vier, tudo bem; se não vier, então nem todos são virtuosos; há alguém que é pecador.

Mesmo *neste* século, o século XX, uma pessoa como Mahatma Gandhi pôde dizer quando houve fome em Bihar: "A fome veio por causa dos pecados das pessoas que moram em Bihar" – como se o mundo inteiro não estivesse pecando, somente em Bihar. A magia começa com o "se", e esse "se" é poderoso e grande.

A ciência nunca começa com o "se", pois ela primeiro tenta conhecer o que é o real – o que é a realidade, o que é o real. Uma vez conhecido o real, ele pode ser transformado. Uma vez que você saiba o que é a eletricidade, ela pode ser mudada, transformada e usada. Um mágico não sabe o que é a eletricidade, e sem saber ele vai transformar, pensa em transformar! Essas profecias são simplesmente falsas, são ilusões.

A moralidade é como a magia. Ela fica falando sobre o ser humano perfeito, e sem saber o que é o ser humano – o ser humano real. O ser humano perfeito permanece como sonho, e é usado apenas para condenar o ser humano real. O ser humano nunca o alcança.

O Tantra é ciência; ele diz primeiro para conhecer qual é a realidade, o que o ser humano é. E não crie valores e ideais agora; primeiro saiba o que *é*. Não pense no que "deveria", e pense apenas no "é". E uma vez conhecido o "é", então você pode mudá-lo. Agora você tem um segredo.

Por exemplo, o Tantra diz para não tentar ir contra o sexo, pois se você for contra ele e tentar criar um estado de *brahmacharya*, celibato e pureza, isso é impossível – é apenas magia. Sem saber o que é a energia do sexo, sem saber do que ele se constitui, sem penetrar fundo em sua realidade, em seus segredos, você poderá criar um ideal de *brahmacharya*, mas o que você fará? Você simplesmente reprimirá. E uma pessoa que está reprimindo o sexo é mais sexual do que um indivíduo que está se entregando a ele, pois, através da entrega, a energia é liberada, e através da repressão ela fica continuamente se movendo em seu sistema.

Uma pessoa que reprime o sexo começa a enxergá-lo em todos os lugares; tudo se torna sexual. Não que tudo seja sexual, mas agora ela projeta. Agora ela projeta! Sua própria energia oculta agora é projetada. Ela olhará para todos os lugares e verá o sexo em todos os lugares. E por estar se condenando, começará a condenar todo mundo. Não se pode encontrar um moralista que não esteja violentamente condenando; ele está condenando todo o mundo – todos estão errados. Isso o faz se sentir bem, seu ego fica satisfeito. Mas por que todos estão errados? Porque em todos os lugares ele vê a mesma coisa que ele está reprimindo. Sua própria mente se tornará cada vez mais sexual, e cada vez mais ele ficará com medo. Esse *brahmacharya* é perversão, não é natural.

Um tipo diferente de *brahmacharya* de uma qualidade distinta acontece ao seguidor do Tantra. Mas o processo é total e diametralmente oposto. O Tantra primeiro ensina como se mover no sexo, como conhecê-lo, como senti-lo e como chegar à mais profunda possibilidade oculta nele, ao clímax – como descobrir a beleza, a felicidade e a bem-aventurança essenciais que estão ocultas ali.

Uma vez conhecido este segredo, você pode transcendê-lo, pois em um orgasmo sexual profundo não é realmente o sexo que lhe dá a bem-aventurança; é algo mais. O sexo é apenas uma situação, e algo mais está lhe dando a euforia, o êxtase. Esse algo mais pode ser dividido em três elementos, mas quando eu os disser e os descrever, não pense que você pode compreendê-los. Eles devem se tornar parte de sua experiência; como conceitos eles são inúteis.

Graças a três elementos básicos no sexo, você chega a um momento de plenitude. Estes três são, primeiro: a ausência do tempo. Você transcende o tempo completamente, não existe o tempo; você se esquece dele completamente, ele cessa para você. Não que o *tempo* cesse: ele cessa para você, você não está nele. Não existe passado nem futuro. *Neste* mesmo momento, aqui e agora, toda a existência está concentrada. *Este* momento se torna o único momento real. Se você puder tornar este momento o único momento real sem o sexo, não há necessidade do sexo. Isso acontece através da meditação.

Segundo: no sexo, pela primeira vez você perde seu ego, fica sem ego. Por isto, todos aqueles que são muito egotistas sempre são contra o sexo, pois no sexo eles precisam perder seus egos. Você não está ali e nem o outro. Você e o ser amado, ambos estão perdidos em algo mais. Uma nova realidade se desdobra, uma nova unidade surge na existência, na qual o velho dois é perdido – completamente perdido. O ego fica com medo; você não está mais ali. Caso sem o sexo você possa chegar a um momento em que não esteja ali, então não haverá necessidade dele.

E terceiro: no sexo você é natural pela primeira vez. O irreal é perdido; a fachada e a face são perdidas; a sociedade, a cultura e a civilização são perdidas. Você é uma parte da natureza – como as árvores, os animais e as estrelas. Você é uma parte da natureza! Você está em algo maior – o cosmos, o Tao. Você está flutuando nele, e não pode nem mesmo nadar nele; você não está ali. Você está apenas flutuando, você é levado pela corrente.

Essas três coisas lhe dão o êxtase. O sexo é apenas uma situação na qual isso acontece naturalmente. Uma vez que você conheça e possa sentir esses elementos, você poderá criá-los independentes do sexo. Todas as meditações são essencialmente a experiência do sexo sem o sexo. Mas você precisa passar por ele, ele deve se tornar uma parte de *sua* experiência – não conceitos, ideais ou pensamentos.

O Tantra não é a favor do sexo, e sim de transcendê-lo. Mas você pode transcendê-lo somente por meio da experiência – experiência existencial – e não através da ideologia. O *brahmacharya* acontece somente por meio do Tantra. Isso parece paradoxal, mas não é. Somente através do conhecimento a transcendência acontece. A ignorância não pode ajudá-lo na transcendência, mas somente na hipocrisia.

Agora tomarei as questões. Alguém perguntou:

O quão frequentemente a pessoa deveria se entregar ao sexo, a fim de ajudar e não atrapalhar o processo da meditação?

A questão surge porque continuamos entendendo mal. Seu ato sexual e o ato sexual tântrico são basicamente diferentes. Seu ato sexual é para descarregar, é como um espirro – um bom espirro. A energia é jogada fora e você fica aliviado. Ele é destrutivo, e não criativo. Ele é bom, é terapêutico, ajuda-o a ficar relaxado, porém nada mais do que isso.

O ato sexual tântrico é básica e diametralmente oposto e diferente. Ele não é descarregar; não se deve atirar a energia fora. Deve-se permanecer no ato sem ejaculação – sem jogar a energia fora –, permanecendo imerso no ato, apenas na parte inicial do ato, e não na parte final. Isso muda a qualidade; a qualidade completa é então distinta.

Tente entender duas coisas. Existem dois tipos de clímax, dois tipos de orgasmo. Um tipo de orgasmo é conhecido: você atinge um clímax de excitação, então não pode ir além; chegou o final. A excitação chega a um ponto no qual ela se torna involuntária. A energia salta em você e vai para fora. Você se livra dela, fica aliviado. O fardo é jogado fora e você pode relaxar e dormir.

Você o está usando como um tranquilizante; ele é um tranquilizante natural. Um bom sono se seguirá – se sua mente não estiver oprimida pela religião. Do contrário, mesmo o tranquilizante é destruído. Se sua mente não estiver oprimida pela religião, somente então o sexo poderá ser algo tranquilizador. Se você se sentir culpado, seu sono será perturbado. Você sentirá depressão, começará a se condenar e a fazer juramentos de que agora, não mais... Depois dele seu sono se tornará em um pesadelo. Se você for um ser natural, não demasiadamente oprimido pela religião e pela moralidade, somente então o sexo poderá ser usado como um tranquilizante.

Este é um tipo de orgasmo – chegar ao ápice da excitação. O Tantra está centrado em outro tipo de orgasmo. Se chamarmos o primeiro de "pico", poderemos chamar esse de vale: não chegar a um pico de excitação, mas chegar no vale mais profundo do relaxamento. A excitação precisa ser usada para ambos no começo; é por isso que digo que no início ambos são iguais, mas no fim são totalmente diferentes.

A excitação precisa ser usada para ambos; ou você está se dirigindo ao pico de excitação ou ao vale de relaxamento. Para o primeiro, a excitação precisa ser intensa – cada vez mais intensa. Você precisa crescer nela, ajudá-la a crescer em direção ao ápice. No segundo, a excitação é apenas o começo. E uma vez que o homem fez a penetração, ambos podem relaxar. Não é necessário nenhum movimento; eles podem relaxar em um abraço amoroso. Quando o homem sente, ou a mulher sente, que a ereção vai ser perdida, somente então um pouco de movimento e excitação... mas de novo relaxem. Vocês podem prolongar esse profundo abraço por horas, sem nenhuma ejaculação. E então, ambos podem cair em sono profundo, juntos. Esse é um orgasmo do vale. Ambos estão relaxados e se encontram como dois seres relaxados.

No orgasmo sexual comum vocês se encontram como dois seres excitados – tensos, cheios de excitação, tentando se descarregar. Normalmente o orgasmo sexual parece maluco. O orgasmo tântrico é uma meditação profunda e relaxante. Então, não existe a questão... quão frequentemente a pessoa deveria se entregar? Tanto quanto você quiser, porque nenhuma energia é perdida. Mais propriamente, a energia é ganha.

Você pode não estar ciente disso, mas este é um fato da biologia, da bioenergia, o de que o homem e a mulher são forças opostas – negativo/positivo, yin/yang ou o que você chamar. Eles são provocadores um do outro, e quando ambos se encontram em relaxamento profundo, eles revitalizam um ao outro. Ambos vitalizam um ao outro, ambos ficam mais jovens, sentem-se mais vivos, tornam-se radiantes com uma nova energia. E nada é perdido! Apenas por encontrar o polo oposto, a energia é renovada.

O ato de amor tântrico pode ser feito o quanto você quiser. O ato sexual comum não pode ser feito o quanto você quiser, pois você está perdendo energia e seu corpo precisará esperar para recuperá-la. E somente quando você a recuperar, poderá perdê-la novamente. Isso parece absurdo: a vida inteira gasta ganhando e perdendo, ganhando e perdendo; é como uma obsessão.

A segunda coisa a ser lembrada: você pode ou não ter observado ao olhar os animais, mas nunca os perceberá desfrutando; nas relações sexuais eles não estão desfrutando. Olhe para os babuínos, os macacos, os cães ou qualquer animal – em seus atos sexuais não se pode observá-los sentindo êxtase ou curtindo. Não se pode! Parece apenas um ato mecânico, uma força natural empurrando-os para ele. Se você viu macacos mantendo uma relação sexual, depois dela eles se separam. Olhe para suas faces. Não existe êxtase – como se nada tivesse acontecido. Quando a energia força, quando ela é demasiada, eles a jogam fora.

O ato sexual comum é assim, e os moralistas dizem bem o contrário. Eles dizem: "Não se entreguem, não desfrutem". Eles dizem: "Isso é como nos animais". Não é! Os animais nunca desfrutam – somente o ser humano pode desfrutar. E quanto mais fundo você puder desfrutar, uma qualidade humana mais elevada nascerá em você. E se seu ato sexual puder se tornar meditativo, embevecido, o mais elevado será alcançado.

Mas lembre-se do Tantra: é o orgasmo de vale. Não é uma experiência de pico, e sim de vale.

No Ocidente, Abraham Maslow tornou muito famoso este termo, "experiência de pico". Você entra na excitação em direção ao pico, e então você cai. É por isso que depois de cada ato sexual você sente uma queda e uma depressão. Você está caindo de um pico. Você nunca sentirá isso depois de uma experiência de sexo tântrico. Você não cai! Você não pode cair mais – você está no vale. Mais propriamente, você está se elevando.

Quando você volta após um ato sexual tântrico, você ascendeu, e não caiu. Você se sente preenchido com a energia, mais vital, mais vivo e radiante. E esse êxtase durará horas, mesmo dias; depende de quão profundo você esteve nele.

E se você puder ir, puder entrar nele, mais cedo ou mais tarde perceberá que a ejaculação é perda de energia, é desnecessária, a menos que se queira filhos. E você sentirá um profundo relaxamento por todo o dia. Uma experiência de sexo tântrico, e por dias você se sentirá relaxado, à vontade, em casa, não violento, não raivoso, não deprimido. E este tipo de pessoa nunca é um perigo para os outros. Se ela puder, ajudará os outros a serem felizes; se não puder, pelo menos não fará alguém infeliz.

Somente o Tantra pode criar um novo ser humano. E agora crescerá um ser humano que conheceu a ausência do tempo, do ego e uma profunda não dualidade com a existência. Uma dimensão se abriu, e não está distante o dia em que o sexo simplesmente desaparecerá. Quando o sexo desaparece sem o seu conhecimento... de repente um dia você percebe que ele desapareceu completamente e que não há cobiça sexual; o *brahmacharya* nasceu. Mas isso é árduo – parece árduo em razão de um falso ensinamento exagerado. E você também sente medo em decorrência do condicionamento de sua mente.

Temos muito medo de duas coisas – do sexo e da morte. Mas ambos são básicos, e um buscador *realmente* religioso entrará em ambos. Ele vivenciará o sexo para conhecer o que ele é, pois conhecer o sexo é conhecer a vida. E ele também gostará de saber o que é a morte, pois a menos que ela seja conhecida, você não poderá saber o que é a vida eterna. Se eu puder entrar no sexo até o seu próprio centro, saberei o que é a vida. E se eu puder entrar voluntariamente na morte até o seu próprio centro, no momento em que eu tocar no centro da morte, me tornarei eterno. Agora sou imortal, pois a morte é algo que acontece apenas na periferia.

O sexo e a morte, ambos são básicos para um buscador real, mas para a humanidade comum, ambos são tabu – não fale a respeito deles. E ambos são básicos e profundamente relacionados. Eles são tão profundamente relacionados que, mesmo ao entrar no sexo, você entra em certa morte, pois você está morrendo. O ego, o tempo e a sua individualidade estão desaparecendo – você está morrendo! O sexo é também uma morte sutil. E se você puder saber que o sexo é uma morte sutil, a morte poderá se tornar um grande orgasmo sexual.

Um Sócrates entrando na morte não fica com medo. Em vez disso, ele fica muito entusiasmado, emocionado, excitado para saber o que é a morte. Uma profunda boas-vindas em seu coração. Por quê? Porque se você conheceu a pequena morte do sexo e conheceu a bem-aventurança que segue a ele, você gostará de conhecer a morte maior – uma bem-aventurança maior está oculta atrás dela. Mas para nós, ambos são tabus. E para o Tantra, ambos são dimensões básicas de busca. A pessoa precisa passar por eles.

Alguém perguntou:

Se a pessoa vivencia a meditação como um levantar da kundalini pela passagem espinhal, ter orgasmo não esgota as energias meditativas da pessoa?

Todas as questões basicamente não têm o entendimento do que é o ato sexual tântrico. Normalmente é assim. Se sua energia subir, se sua kundalini se levantar e correr para cima em direção à cabeça, você não poderá ter o orgasmo comum. E se você o tentar, ficará em profundo conflito interior, pois a energia está subindo e você está forçando-a para baixo. Mas o orgasmo tântrico não é uma dificuldade, e sim uma ajuda.

A energia se movendo para cima não é contraditória ao orgasmo tântrico. Você pode relaxar, e esse relaxamento com o ser amado ajudará a energia a se mover para cima. No ato sexual comum é uma dificuldade, e é por isso que todas essas técnicas não tântricas são contra o sexo, pois elas não sabem que um orgasmo de vale é possível. Elas conhecem apenas um – o orgasmo comum – e ele se torna um problema para elas. Para a Ioga, ele é um problema, pois a Ioga está tentando forçar sua energia sexual para cima. Isto é chamado kundalini – sua energia sexual se movendo para cima.

No ato sexual ela se move para baixo. A Ioga dirá: Seja celibatário, pois se você estiver fazendo ambos, estará criando caos em seu sistema. Você está criando caos ao tentar por um lado puxar a energia para cima e, por outro, atirar a energia para fora, para baixo. É por isso que as técnicas de Ioga são contra o sexo.

Mas o Tantra não é contra o sexo, pois o Tantra tem um tipo diferente de orgasmo, um orgasmo de vale, o qual pode ajudar. E não são criados caos nem conflito. Mais propriamente, ele será de ajuda. Se você estiver escapando – se for um homem que foge das mulheres ou for uma mulher que foge dos homens –, não importa o que você faça, o outro permanecerá em sua mente e continuará a puxá-lo para baixo. Isso é paradoxal, mas é uma verdade.

Enquanto estiver em profundo abraço com o ser amado você poderá esquecer o outro. Somente então você se esquece do outro. Um homem se esquece de que a mulher existe, uma mulher se esquece de que o homem existe. Somente em profundo abraço o outro não existe, e quando isso acontece, sua energia pode fluir facilmente; do contrário, o outro fica puxando para baixo.

Assim, a Ioga e as técnicas comuns fogem do outro, do outro sexo. Elas precisam fugir, ficar alertas, continuamente lutando e controlando. Mas se você estiver contra o sexo oposto, esse próprio antagonismo será um esforço constante que fica puxando você para baixo.

O Tantra diz que nenhum esforço é necessário; fique relaxado com o outro. Nesse momento relaxado, o outro desaparece e sua energia pode fluir para cima, mas isso acontece somente quando você estiver em um vale. E ela flui para baixo quando você estiver em um pico.

Mais uma questão:

Na noite passada você disse que o ato sexual deveria ser lento e sem pressa, mas você também disse que a pessoa não deveria ter qualquer controle sobre o ato sexual e que a pessoa deveria se tornar total. Isso me confunde.

Isso não é controle; o controle é algo totalmente diferente, e o relaxamento é diferente. Você está *relaxando* nele, e não controlando-o. Se você estiver controlando-o, não haverá relaxamento e, mais cedo ou mais tarde, ficará com pressa de terminá-lo, pois o controle é um esforço. E todo esforço cria tensão, e a tensão cria uma necessidade, uma urgência para se aliviar. Isso não é controle! Você não está resistindo a algo! Você simplesmente não está com pressa, pois o sexo não é para se ir a lugar algum. Você não está indo a lugar algum, e ele é simplesmente uma brincadeira; não existe objetivo. Nada é para ser alcançado, então para que a pressa?

Mas a pessoa está sempre, em cada ato seu, totalmente presente. Se você estiver com pressa em tudo, também ficará com pressa em seu ato sexual – porque *você* estará ali. Uma pessoa muito ligada no tempo também ficará com pressa em seu ato sexual, como se o tempo estivesse sendo desperdiçado. Desse modo, pedimos por café instantâneo e sexo instantâneo. Com o café é bom, mas com o sexo é simplesmente absurdo. Não pode haver sexo instantâneo; ele não é trabalho e não é algo no qual você possa se apressar. Através da pressa você o destruirá; você perderá o ponto. Desfrute-o, pois através dele um estado de ausência de tempo é sentido. Se você estiver com pressa, então esse estado não poderá ser sentido.

Quando o Tantra diz para não ter pressa, para desfrutar lentamente, como se você fosse dar um passeio pela manhã, sem ir ao escritório... isso é algo diferente. Quando você está indo ao escritório, você está com pressa de chegar em algum lugar, e quando você está dando uma caminhada pela manhã, você não está com pressa, pois não está indo a lugar algum. Você está simplesmente indo; não há pressa nem objetivo e você pode retornar a partir de qualquer ponto.

Este estado de ausência de pressa é básico para criar o vale; senão o pico será criado. E quando se diz isso, não se quer dizer que você precisa controlar. Você não precisa controlar sua excitação, pois isso é contraditório. Você não pode controlar a excitação, e se o fizer, estará criando uma excitação dupla. Simplesmente relaxe, tome isso como uma brincadeira – não crie nenhum fim. O começo é suficiente!

No ato, feche os olhos, sinta o corpo do outro, sinta a energia do outro fluindo em sua direção, e funde-se nela, dissolva-se nela. Ela virá! O velho hábito pode persistir por alguns dias... ele irá embora. Mas não o force a ir embora, apenas continue relaxando, relaxando, relaxando. E se não houver ejaculação, não sinta que algo saiu errado, pois o homem sente que algo saiu errado. Se não houver ejaculação, ele sente que algo saiu errado. Nada saiu errado! E não sinta que você perdeu algo; você não perdeu.

No começo será sentido como perder algo, pois a excitação e o pico não estarão presentes. E antes que o vale venha, você sentirá que está perdendo algo, mas esse é apenas um velho hábito. Dentro de um período, de um mês ou três semanas o vale começará a aparecer. E quando o vale aparecer, você se esquecerá de seus picos. Então, nenhum pico vale a pena. Mas você precisa esperar, e não force, não controle; apenas relaxe.

O relaxamento é um problema, pois quando dizemos "relaxe", na mente é traduzido como se algum esforço tivesse que ser feito; nossa linguagem dá essa impressão. Eu estava lendo um livro intitulado *Você Deve Relaxar!* O "deve", o próprio "deve", não permitirá que você relaxe, pois então isso se torna um objetivo – "Você deve!" –, e se você não for capaz, se sentirá frustrado. O próprio "deve" lhe dá uma impressão de um duro esforço, de uma árdua jornada. Você não pode relaxar se estiver pensando em termos de "deve".

A linguagem é um problema. Para certas coisas, a linguagem sempre expressa erroneamente. Por exemplo, o relaxamento: se digo para relaxar, então também se torna um esforço e você perguntará "Como relaxar?". Com o "como" você perde o ponto. Você não pode perguntar "como". Você está pedindo por uma técnica, e a técnica criará esforço, e o esforço criará tensão. Assim, se você me perguntar como relaxar, direi: Não faça coisa alguma, simplesmente relaxe! Simplesmente se deite e espere; não faça coisa alguma! Tudo o que você puder fazer será a barreira, criará o obstáculo.

Se você começar a contar do um ao cem e depois de volta do cem ao um, você permanecerá acordado por toda a noite. E se algumas vezes você adormeceu em função da contagem, não foi pela contagem, mas porque você contou e contou e então ficou entediado; foi porque você se entediou. Não foi em decorrência da contagem, mas somente pelo tédio. Então, da você se esqueceu de contar e o sono veio. Mas o sono e o relaxamento vêm somente quando você não estiver fazendo coisa alguma. Este é o problema.

Quando digo "ato sexual", parece um esforço. Não é? Simplesmente comece a brincar com o ser amado. Fiquem a brincar, sintam e sejam sensíveis um ao outro, como duas criancinhas brincando ou como cães ou animais brincando. Simplesmente fiquem a brincar, e absolutamente não pensem no ato sexual. Pode acontecer e pode não acontecer.

Se acontecer por meio apenas da brincadeira, isso o levará mais facilmente ao vale. Se você pensar a respeito, então já estará à frente de si mesmo: você estará brincando com o ser amado, mas pensando no ato sexual. Então, a brincadeira é falsa; você não está aqui e a mente está no futuro. E essa mente se moverá sempre no futuro.

Quando você está no ato sexual, a mente está pensando em como acabá-lo; ela sempre está à sua frente. Não permita isso! Simplesmente brinque, e se esqueça de qualquer ato sexual. Acontecerá, permita-o que aconteça. Então, será fácil relaxar, e quando acontecer... apenas relaxe. Estejam juntos, estejam um na presença do outro e sintam-se felizes.

Negativamente, algo pode ser feito. Por exemplo, quando você fica excitado respira rápido, pois a excitação necessita de uma respiração rápida. Para o relaxamento, é bom e de ajuda se você respirar fundo – lentamente, respirando muito sossegada e tranquilamente. Então, o ato sexual pode ser prolongado.

Não converse, não diga nada, pois isso cria perturbação. Não use a mente, e sim o corpo. Use a mente somente para sentir o que está acontecendo. Não pense, apenas sinta o que está acontecendo. A calidez e o amor que estão fluindo, a energia que está em contato... apenas a sinta! Fique atento a ela, e isso também não deveria ser feito como um esforço – flutuando sem esforço. Somente então aparecerá o vale, e quando ele aparecer, você estará transcendendo.

Uma vez sentido e percebido o vale, o orgasmo relaxado, isso já é uma transcendência. O sexo não está ali; agora ele se tornou uma meditação, um *samadhi*.

TANTRA – O CAMINHO DA ENTREGA

"Se o amor não puder ajudá-lo a entrar em meditação, nada ajudará!"

A primeira pergunta:

Osho, por favor, explique se as técnicas do "Vigyan Bhairava Tantra" que discutimos até agora pertencem à ciência da Ioga ou ao assunto presente e central do Tantra. E qual é o assunto central do Tantra?

Esta questão surge em muitos. As técnicas que discutimos também são usadas pela Ioga – as mesmas técnicas, mas com uma diferença. Pode-se usar a mesma técnica com uma filosofia atrás dela muito diferente. A estrutura e o fundo diferem, e não a técnica. A Ioga tem uma atitude diferente em relação à vida, justamente a contrária ao Tantra.

A Ioga acredita na luta e é basicamente o caminho da vontade; o Tantra não acredita na luta e não é o caminho da vontade. Em vez disso, pelo contrário, o Tantra é o caminho da entrega total; sua vontade não é necessária. Para o Tantra, sua vontade é o problema, a fonte de todas as angústias. Para a Ioga, o problema é sua entrega, sua ausência de vontade.

Para a Ioga, você está em angústia e sofrendo porque sua vontade é fraca; para o Tantra, você está sofrendo porque tem a vontade, o ego e a individualidade. A Ioga diz para levar sua vontade à perfeição absoluta, e assim você será liberto. E o Tantra diz para dissolver completamente sua vontade, para tornar-se totalmente vazio dela, e essa será sua liberação. E ambos estão certos... o que cria dificuldades. Para mim, ambos estão certos.

Mas o caminho da Ioga é muito difícil. É quase impossível, é praticamente impossível você atingir a perfeição do ego. Isso significa que você precisa se tornar o centro de todo o universo. O caminho é muito longo e árduo e, realmente, nunca alcança o fim. Dessa forma, o que acontece com os seguidores da Ioga? Em algum ponto do caminho, em alguma vida eles se voltam para o Tantra. Isso acontece.

Intelectualmente é concebível, mas existencialmente é impossível. Se for possível, você também atingirá pela Ioga. Mas geralmente nunca acontece; ou mesmo se acontecer acontece muito raramente. Um Mahavira... algumas vezes séculos e séculos se passam e, então, um homem como Mahavira atinge através da Ioga. Mas ele é raro, a exceção, e prova a regra.

Mas a Ioga é mais atraente do que o Tantra. Ele é fácil e natural, e você pode se realizar através dele muito fácil e naturalmente, sem esforço. E em razão disso, o Tantra nunca o atrai muito. Por quê? Qualquer coisa que o atraia, atrai seu ego. Tudo o que você sentir que satisfará seu ego o atrairá mais, pois você está agarrado ao ego. A Ioga atrai bastante...

Realmente, quanto mais egotista você for, mais a Ioga o atrairá, pois ela é puro esforço do ego. Quanto mais impossível, mais atraente para o ego. É por isso que o Monte Evereste tem tanto atrativo; alcançar o topo do Himalaia é muito difícil.

E quando Hillary e Tensing alcançaram o Evereste, sentiram um momento de êxtase. O que foi aquilo? O ego satisfeito, eles eram os primeiros.

Quando o primeiro homem pisou na Lua, você pode imaginar como *ele* se sentiu? Ele foi o primeiro em toda a História e agora ele não pode ser substituído, pois permanecerá o primeiro em toda a História que se segue. Agora não há maneira de mudar o seu status. O ego está profundamente satisfeito; agora não há competidor e não pode haver. Muitos pisarão na Lua, mas não serão os primeiros.

Mas muitos podem pisar na Lua e muitos irão ao Evereste. A Ioga lhe dá um pico mais alto e um fim mais inatingível: a perfeição do ego – puro e perfeito, ego absoluto.

A Ioga teria muito atrativo para Nietzsche, pois ele disse que a energia que trabalha por detrás da vida é a energia da vontade – vontade de ter poder. A Ioga lhe dá a sensação de que você é mais poderoso através dela. Quanto mais você puder se controlar, controlar seus instintos, seu corpo, sua mente... você se sente poderoso e se torna um mestre por dentro. Mas isso se dá através do conflito, da luta e da violência.

E quase sempre acontece de uma pessoa que pratica por muitas vidas através da Ioga chegue a um ponto em que toda a jornada se torna insípida, sombria e fútil, pois quanto mais o ego for satisfeito, mais você sentirá que ele é inútil. E então, o seguidor do caminho da Ioga se volta ao Tantra.

Mas a Ioga atrai porque todo mundo é egotista. O Tantra nunca atrai no começo, e pode atrair somente os adeptos mais elevados – aqueles que trabalharam sobre si mesmos, que realmente lutaram através da Ioga por muitas vidas. Então, o Tantra os atrai, pois eles podem entender. Normalmente você não será atraído pelo Tantra, ou, se for, será atraído por razões erradas. Assim, tente compreendê-las também.

Você não será atraído pelo Tantra no início, pois ele lhe pede que você se entregue e *não* lute. Ele lhe pede para flutuar, e não nadar; ele lhe pede para se mover com a corrente, e não ir contra ela. Ele lhe diz que a natureza é boa; confie na natureza, não brigue com ela. Mesmo o sexo é bom. Confie nele, siga-o, flua nele – não lute. "*Não* lute" é o ensinamento central do Tantra. Flua, deixe acontecer!

O Tantra não pode atrair, pois não existe satisfação de seu ego através dele. No primeiro passo ele pede para seu ego ser dissolvido, no começo ele lhe pede para dissolvê-lo.

A Ioga também lhe pedirá a dissolução do ego, mas no fim. Primeiro ela lhe pedirá para purificá-lo, e quando ele for purificado completamente, ele se dissolverá; ele não poderá permanecer. Mas na Ioga, Isso é o final, e no Tantra, o começo.

Portanto, geralmente o Tantra não atrai, e se o faz, o faz por razões erradas. Por exemplo, se você quiser se comprazer com o sexo, então poderá racionalizar sua indulgência através do Tantra. Esse pode se tornar o atrativo. Se você quiser abusar do vinho, das mulheres e de outras coisas, poderá se sentir atraído pelo Tantra; mas, realmente, você não estará atraído por ele – o Tantra é uma fachada, um truque. Você estará atraído por outra coisa, a qual acha que o Tantra lhe permite. Dessa maneira, o Tantra sempre atrai por razões erradas.

O Tantra não é para ajudar sua indulgência, mas para transformá-la. Portanto, não se engane. Por intermédio do do Tantra você pode se enganar muito facilmente. E por essa possibilidade de engano, Mahavira não o prescreveria. Esta possibilidade sempre existe, e o ser humano é tão enganador que pode mostrar uma coisa para favorecer outra que ele pretende alcançar por meio da primeira; ele pode racionalizar.

Por exemplo, na China, na China antiga, havia algo como o Tantra, uma ciência secreta. Ela é conhecida como Tao. O Tao tem tendências semelhantes ao Tantra. Por exemplo, o Tao diz que se você quiser ficar livre do sexo, é bom não se apegar a uma pessoa – uma mulher ou um homem. Você não deveria se apegar a alguém se deseja ser livre. Assim, o Tao diz que é melhor seguir mudando de parceiros.

Isso está absolutamente certo, mas você pode racionalizar, pode se enganar; você pode ser um maníaco sexual e então achar que "Estou fazendo prática tântrica, por esse motivo não posso me apegar a uma mulher e devo mudar". E muitos imperadores na China praticaram isso. Eles tinham grandes haréns somente para isso.

Mas o Tao *é* significativo – é significativo se você olhar fundo na psicologia humana. Se você conhecer somente uma mulher, mais cedo ou mais tarde sua atração por aquela mulher se desvanecerá, mas sua atração por mulheres permanecerá. Você ficará atraído pelo sexo oposto, mas essa mulher, a sua esposa, realmente não será do sexo oposto, ela não o atrairá, não será um ímã para você. Você se acostumou com ela.

O Tao diz que se um homem mudar de mulheres, muitas mulheres, ele não somente transcenderá uma, mas, sim, todo o sexo oposto. O próprio conhecer muitas mulheres o ajudará a transcender. E isso está certo, mas é perigoso, pois você o desejará não porque está certo, mas porque lhe dá permissão. Este é o problema com o Tantra.

Assim, na China este conhecimento também foi suprimido; ele precisava ser suprimido. Na Índia, o Tantra também foi suprimido, pois ele diz muitas coisas perigosas – elas são perigosas somente por você ser enganador. Fora isso, elas maravilhosas. Nada aconteceu à mente humana de mais maravilhoso e misterioso do que o Tantra; nenhum conhecimento é tão profundo.

Mas o conhecimento sempre tem seus perigos. Por exemplo, agora a ciência se tornou um perigo, pois ela lhe dá segredos muito profundos. Agora se sabe como criar a energia atômica. Conta-se que Einstein disse que se lhe fosse dada novamente uma vida, em vez de ser um cientista ele gostaria de ser um encanador, pois olhando para trás, toda a sua vida fora fútil – não somente fútil, mas perigosa para a humanidade. E ele forneceu um dos segredos mais profundos, mas para o ser humano que engana a si mesmo.

Fico imaginando, logo pode chegar o dia em que precisaremos suprimir o conhecimento científico. Há rumores e pensamentos secretos entre os cientistas sobre se deveriam descobrir mais ou não, se deveriam interromper a pesquisa ou ir adiante, pois agora esse é um terreno perigoso.

Todo conhecimento é perigoso, e somente a ignorância não é perigosa, pois não se pode fazer muito com ela. As superstições são sempre boas – nunca perigosas, homeopáticas. Dê o remédio... uma coisa é certa, ele não lhe fará mal. Depende de suas próprias ilusões se ele vai ou não auxiliá-lo, mas uma coisa é certa: ele não vai prejudicá-lo. A homeopatia é inofensiva; ela é uma profunda superstição, e pode *somente* ajudar. Lembre-se, se uma coisa pode somente ajudar, então ela é superstição. Se ela puder fazer as duas coisas, ajudar e prejudicar, somente então ela é conhecimento.

Uma coisa real pode fazer ambos, ajudar e prejudicar. Somente uma coisa irreal pode apenas ajudar. Mas, então, a ajuda nunca vem da coisa; ela é sempre uma projeção de sua própria mente. Assim, de uma certa maneira coisas irreais e ilusórias são boas, pois nunca o prejudicam.

O Tantra é ciência, e mais profunda do que o conhecimento atômico, pois a ciência atômica está preocupada com a matéria, e o Tantra está preocupado com você. E você é sempre mais perigoso do que qualquer energia atômica. O Tantra está preocupado com o átomo biológico, você – a célula viva, a própria consciência da vida, e como ela funciona, o mecanismo interno.

É por isso que o Tantra se interessa tanto pelo sexo. A pessoa que está interessada na vida e na consciência ficará automaticamente interessada no sexo, pois o sexo é a fonte da vida, do amor e de tudo o que está acontecendo no mundo da consciência. Desse modo, se um buscador não estiver interessado no sexo, ele de modo nenhum é um buscador. Ele pode ser um filósofo, mas não é um buscador. E a filosofia é mais ou menos um contrassenso – pensando sobre coisas que não têm utilidade.

Ouvi dizer: Mulla Nasruddin estava interessado em uma garota, mas ele não tinha sorte com mulheres; nenhuma gostava dele. E ele ia encontrar essa garota pela primeira vez, então perguntou a um amigo: "Qual é seu segredo? Você é muito sortudo com as mulheres, você simplesmente as hipnotiza, e eu sou sempre um fracasso – me dê alguma dica. Esse é o meu primeiro encontro com a garota, então me passe alguns segredos".

E o amigo disse: "Lembre-se de três coisas: fale sempre de comida, de família e de filosofia".

"Por que sobre comida?", perguntou Mulla.

O amigo respondeu: "Fale de comida porque então a garota se sente bem, pois toda mulher está interessada em comida. Ela é o alimento das crianças e de toda a humanidade; por isso ela está basicamente interessada em comida".

Mulla disse: "Tudo bem. E por que família?

E o homem respondeu: "Fale sobre a família dela, então as suas intenções parecerão respeitáveis".

Então, Mulla perguntou: "E por que sobre filosofia!".

O homem disse: "Fale sobre filosofia, pois isso faz com que ela se sinta inteligente".

Então, Mulla se apressou, e assim que viu a garota, perguntou: "Oi, você gosta de macarrão?".

Surpresa, a garota respondeu: "Não!".

Então, Mulla fez a segunda pergunta: "Você tem irmão?".

A garota ficou ainda mais surpresa... "Que tipo de encontro é esse", e disse: "Não!".

Por um momento Mulla ficou perdido, pensando em como começar com a filosofia. Mas ele começou; apenas por um momento ele ficou perdido, e então perguntou: "E se você tivesse um irmão, ele gostaria de macarrão?".

Isso é filosofia; ela é mais ou menos um contrassenso. O Tantra não está interessado em filosofia, mas na vida real e existencial. Desse modo, o Tantra nunca pergunta se existe Deus, *moksha* ou céu e inferno. Não. O Tantra faz perguntas básicas sobre a vida, e é por isso que tem tanto interesse no sexo e no amor – eles são *básicos*. Você *existe* através deles, é parte deles.

Você é um jogo da energia do sexo e nada mais. E a menos que você entenda *esta* energia *e* a transcenda, você nunca será outra coisa além disso. Neste exato momento você nada mais é do que energia sexual. Você pode ser mais, porém se não entender isso e não a transcender, você nunca será mais. A possibilidade é apenas uma semente.

É por isso que o Tantra se interessa pelo sexo, pelo amor e pela vida natural, mas a maneira de conhecer não é pelo conflito. O Tantra diz que você não pode conhecer coisa alguma se estiver em um estado de espírito de luta, pois então não estará receptivo. E por você estar lutando, os segredos se ocultarão de você. Você não está aberto para recebê-los.

E quando você está lutando, está sempre de fora. Se você estiver lutando contra o sexo, *você* estará sempre de fora. Se você se entregar ao sexo, alcançará o próprio âmago interno dele e será alguém de dentro. Se você se entregar, muitas coisas se tornarão conhecidas.

Você tem feito sexo, mas sempre com uma atitude de luta por detrás. É por isso que você não conheceu muitos segredos. Por exemplo, você não conheceu as forças revigorantes do sexo – você não conheceu porque não pode conhecer. Isso necessita alguém de dentro.

Se você estiver realmente flutuando com a energia do sexo, totalmente entregue, mais cedo ou mais tarde chegará ao ponto onde saberá que o sexo não dá nascimento somente a uma nova vida; ele pode lhe dar *mais* vida. Para os que amam o sexo pode se tornar uma força revigorante, mas para isso você precisa de uma entrega. E uma vez entregue, muitas dimensões mudam.

Por exemplo, o Tantra e o Tao souberam que se no ato sexual o homem ejacular, então ele não pode ser revigorante para o homem. Não há necessidade de ejacular, a ejaculação pode ser totalmente esquecida. Tanto o Tantra como o Tao dizem que a ejaculação ocorre porque você está lutando; caso contrário, não há necessidade.

O amante e a amada podem estar em profundo abraço sexual, apenas relaxando um no outro sem pressa de ejacular ou de terminar o ato. Eles podem apenas relaxar um ou outro, e se esse relaxamento for total, ambos sentirão mais vida, ambos irão enriquecer um ao outro.

O Tao diz que um ser humano pode viver por mil anos se não estiver com nenhuma pressa no sexo, se estiver apenas profundamente relaxado. Se uma mulher e um homem estiverem profundamente relaxados um com outro, simplesmente se encontrando com o outro, absorvidos um no outro, sem qualquer pressa ou tensão, muitas coisas acontecerão, coisas alquímicas – pois os fluidos da vida, a eletricidade e a bioenergia de ambos se encontram. É apenas em virtude desse encontro – pois eles são "anti", são polos opostos, um é negativo e o outro é positivo –, apenas por se encontrar profundamente com o outro, eles se revigoram, tornam o outro vital e mais vivo.

Eles podem viver por muito tempo, e viver sem nunca ficarem velhos. Mas isso só pode ser conhecido se você não estiver em um humor de luta. E isso parece paradoxal; aqueles que estão lutando contra o sexo, esses ejacularão mais cedo, pois a mente tensa está com pressa de livrar-se da tensão.

Novas pesquisas revelam muitas coisas e fatos surpreendentes. Masters e Johnson trabalharam cientificamente pela primeira vez com o que acontece em uma relação sexual profunda. Eles se deram conta que setenta e cinco por cento dos homens são ejaculadores precoces – setenta e cinco por cento dos homens! Antes de haver um encontro profundo, eles já ejacularam e o ato está acabado. E noventa por cento das mulheres jamais atingem qualquer orgasmo; elas nunca alcançam um clímax, um clímax profundo e preenchedor – noventa por cento das mulheres!

É por isso que as mulheres são tão tempestuosas e irritadas, e elas permanecerão assim. Nenhuma meditação pode ajudá-las facilmente e nenhuma filosofia, religião ou ética as deixarão reconfortadas com os homens com os quais vivem. E daí a frustração delas, a raiva... pois a ciência moderna e o velho Tantra, ambos dizem que a menos que uma mulher esteja profundamente satisfeita, orgástica, ela será um problema na família. Aquilo que lhe está faltando criará irritações e ela ficará sempre em um clima de briga.

Portanto, se sua esposa estiver sempre em clima de briga, repense sobre toda a coisa. Não é simplesmente a esposa – você pode ser a causa. E porque as mulheres não estão alcançando o orgasmo, elas ficam contra o sexo. Elas não se dispõem a entrar facilmente no sexo, e precisam ser subornadas; elas não estão dispostas a entrar no sexo. E por que elas deveriam estar dispostas, já que nunca atingem qualquer felicidade profunda através dele? Ao contrário, depois do sexo elas sentem que o homem as usou, sentem que foram usadas. Elas se sentem como algo usado e então descartado.

O homem fica satisfeito porque ejaculou, então ele se afasta e vai dormir, e a mulher fica a chorar. Ela foi apenas *usada*, e de modo nenhum a experiência foi gratificante para ela. A experiência pode ter aliviado seu marido, amante ou amigo, mas de modo nenhum foi gratificante para ela.

Noventa por cento das mulheres nem mesmo sabem o que é o orgasmo, pois nunca o tiveram, nunca alcançaram o auge de tal convulsão bem-aventurada do corpo, na qual cada fibra palpita e cada célula se torna viva. Elas não o atingiram, e o motivo é em razão de uma atitude antissexual na sociedade. A mente lutadora está presente, e então a mulher é tão reprimida que se torna frígida.

E o homem faz o ato como se fosse um pecado. Ele se sente culpado, e pensa: "Isso não se faz". E enquanto ele está fazendo amor com a sua esposa ou amada, fica pensando em algum *mahatma*, em algum grande homem: "Com que cara eu irei ao *mahatma*, como transcender esse sexo, essa culpa, esse pecado?".

É muito difícil se livrar dos *mahatmas*, eles estão sempre presentes. Mesmo quando vocês estão fazendo amor, vocês não são dois – um *mahatma* deve estar ali; vocês são três. E se não houver nenhum *mahatma*, então Deus está espiando vocês fazerem este pecado. O conceito de Deus nas mentes das pessoas é o de um abelhudo que está sempre espiando-as. Essa atitude cria ansiedade, e quando a ansiedade está presente, a ejaculação vem logo.

Quando não há ansiedade, a ejaculação pode ser adiada por horas – mesmo por dias. E não há necessidade dela! Se o amor for profundo e ambos os corpos puderem revigorar um ao outro, então a ejaculação pode cessar completamente. Por anos dois amantes podem se encontrar sem qualquer ejaculação, sem qualquer desperdício de energia. Eles podem apenas relaxar um no outro; seus corpos se encontram e relaxam; eles entram e relaxam. E mais cedo ou mais tarde, o sexo deixa de ser uma excitação. Agora ele é uma excitação, mas depois deixa de ser e passa a ser um relaxamento, um profundo entregar-se.

Mas isso pode acontecer somente se primeiro você intimamente se rendeu à energia da vida, à força da vida. Somente então você pode se render à pessoa amada.

O Tantra diz que se isso acontecer... e o Tantra providencia para que isso aconteça. O Tantra diz para nunca fazer amor enquanto você estiver excitado. Isso parece muito absurdo, pois você quer fazer amor quando está excitado, e ambos parceiros excitam um ao outro para que possam fazer amor. Mas o Tantra diz que no excitamento você desperdiça energia. Faça amor enquanto estiver calmo, sereno e meditativo. Primeiro medite e então faça amor. E também no amor, nunca vá além do limite. O que quero dizer com não ir além do limite? Não fique excitado e violento, de tal modo que sua energia não seja dispersa.

Se você observar duas pessoas fazendo amor, sentirá que elas estão brigando. Pequenas crianças, se algumas vezes virem o pai e a mãe fazendo amor, acharão que o pai vai matar a mãe. Isso parece violento, parece uma briga, e não é bonito; parece feio.

Deveria ser mais musical e harmônico, os dois parceiros deveriam estar como que dançando, e não brigando – cantando uma melodia harmoniosa, criando uma atmosfera na qual ambos se dissolvem e se tornam unos. E então eles se relaxam. É isso o que o Tantra quer dizer. O Tantra de modo nenhum é sexual, e sim a coisa *menos* sexual, e está bastante interessado no sexo. E se através desse relaxamento e entrega a natureza lhe revelar seus segredos, não é de se admirar. Então, você começa a ficar consciente do que está acontecendo, e, com isso, muitos segredos vêm à sua mente.

Primeiro, o sexo se torna vivificante. Como ele é agora, ele é mortificante. Você está simplesmente morrendo através dele, desperdiçando-se, deteriorando-se. E em segundo lugar, ele se torna a meditação natural mais profunda. Os seus pensamentos cessam completamente. Quando você está totalmente relaxado com a pessoa amada, seus pensamentos cessam, a mente não existe; somente seu coração palpita e a mente *não* existe. Ele se torna uma meditação natural. E se o amor não puder ajudá-lo na meditação, nada ajudará, pois tudo o mais é supérfluo e superficial. Se o amor não puder ajudar, nada ajudará!

O amor tem sua própria meditação. Mas você não conhece o amor, e sim somente o sexo – e conhece a infelicidade de desperdiçar energia. E então você fica deprimido depois dele e decide fazer o voto de *brahmacharya*. E esse voto é tomado na depressão, na raiva e na frustração. Isso não vai ajudar.

Um voto pode ser de ajuda se tomado em uma disposição meditativa muito profunda e relaxada – então! Caso contrário, você estará simplesmente mostrando sua raiva e frustração e nada mais, e se esquecerá do voto em vinte e quatro horas. A energia virá novamente, e como uma velha rotina você precisará aliviá-la.

Dessa maneira, para você o sexo nada mais é do que algo como o espirro. Você se sente excitado, e então quando você espirra, se sente relaxado. Algo que estava importunando no nariz é liberado – e algo importunando no centro do sexo é liberado.

O Tantra diz que o sexo é muito profundo, pois ele é vida, mas você pode se interessar por razões erradas. Não se interesse pelo Tantra por razões erradas, e então não sentirá que ele é perigoso – então o Tantra é transformador da vida.

Esses métodos que comentamos também foram usados pela Ioga, mas com um conflito, com uma atitude de luta. O Tantra usa os *mesmos* métodos, mas com uma atitude muito amorosa, e isso faz uma grande diferença e muda a própria qualidade da técnica; a técnica se torna diferente, pois todo o pano de fundo é distinto. E você perguntou:

Qual é o assunto central do Tantra?

Você! Você é o assunto central do Tantra – o que você é agora e o que está oculto em você que pode crescer, o que você é e o que você pode ser. Agora você é uma unidade sexual, e a menos que ela seja completamente compreendida, você não pode se tornar um espírito, não pode se tornar uma unidade espiritual. A sexualidade e a espiritualidade são dois extremos de uma só energia.

O Tantra começa com você como você é, e a Ioga começa com você como a sua possibilidade é. A Ioga começa com o fim, e o Tantra começa com o princípio. E é sempre bom começar com o princípio, pois, se o final for o princípio, então você criará desnecessária infelicidade para você. Você não é isto – apenas o ideal. Você precisa se tornar um deus, o ideal, e é apenas um animal. E esse animal fica frenético em razão do ideal de deus; ele fica louco, ele se torna demente.

O Tantra diz para se esquecer do deus; se você é o animal, entenda esse animal em sua totalidade. Nesse próprio entendimento o deus crescerá. E se ele não puder crescer através desta compreensão, então esqueça-o; ele nunca poderá crescer. Os ideais não podem trazer suas possibilidades para fora; somente o conhecimento do real ajudará. Assim, *você* é o assunto central do Tantra – como você é e como você pode se tornar, sua realidade presente e sua possibilidade. Esses são os assuntos centrais.

Algumas vezes as pessoas ficam preocupadas; se você se mobiliza para entender o Tantra, percebe que Deus, *moksha* e nirvana não são discutidos. Que tipo de religião é o Tantra? O Tantra discute coisas que o fazem se sentir enojado; você não gostaria de discuti-las. Quem deseja discutir o sexo? Pois todo mundo acha que sabe. Por você poder reproduzir, você acha que sabe?

Ninguém quer discutir sobre o sexo, e ele é o problema de todos. Ninguém quer discutir sobre o amor, pois todo mundo acha que já é um grande amante. E olhe para a sua vida! Ela é apenas ódio e nada mais; e tudo o que você chama de amor nada mais é do que um relaxamento, um pequeno relaxamento do ódio. Olhe à sua volta, e então saberá o que você conhece e o que não conhece.

Estou me lembrando... ouvi dizer sobre um judeu, um professor de hassidismo, Baal Shem. Ele mandou fazer um manto, e todo o dia ele ia a seu alfaiate. E o alfaiate levou seis meses para fazer um simples manto para o faquir, para o pobre faquir! Quando o manto ficou pronto e o alfaiate o entregou a Baal Shem, este perguntou: "Diga-me, mesmo Deus teve somente seis dias para criar o mundo. Em seis dias Deus criou o mundo inteiro, e você levou seis meses para fazer o manto deste pobre homem?".

Baal Shem se lembrou do alfaiate em suas memórias. O alfaiate disse: "Sim, Deus criou o mundo em seis dias, mas olhe para o mundo – que tipo de mundo ele criou! Sim, ele criou o mundo em seis dias, mas olhe para o mundo!".

Olhe à sua volta, olhe para o mundo que você criou. Então, você virá a saber que não sabe de nada. Você está apenas tateando no escuro. E porque todos os outros estão na mesma situação, isso não quer dizer que você esteja vivendo na luz. Por todos também estarem tateando no escuro, você se sente bem, pois não existe comparação.

Mas você está no escuro, e o Tantra começa com você como você está. O Tantra deseja esclarecê-lo sobre coisas básicas, as quais você não pode negar. Ou, se você tentar negá-las, o custo vai ser seu próprio.

A segunda pergunta:

Como converter o ato sexual numa experiência meditativa? Deveríamos assumir posições especiais no sexo?

As posições são irrelevantes, não significam muito. O que conta é a atitude da mente – não a posição do corpo, mas a posição da mente. Mas se você mudar a sua mente, você poderá querer mudar as suas posições, pois elas estão relacionadas. Mas as posições não são básicas.

Por exemplo, o homem fica sempre sobre a mulher, por cima dela. Essa é uma postura egoísta, pois o homem sempre sente que é melhor, superior, mais elevado. Como ele pode ficar por baixo da mulher? Mas por todo o mundo, nas sociedades primitivas, a mulher fica por cima do homem. Desta maneira, na África esta posição é conhecida como a postura do missionário, pois na primeira vez em que os missionários, missionários cristãos, foram à África, os primitivos simplesmente não puderam entender: "O que eles estão fazendo? Eles matarão a mulher!".

Na África, essa é conhecida como a postura do missionário. Os africanos primitivos dizem que isso é violento, o homem em cima da mulher... Ela é mais fraca, delicada – ela deveria ficar por cima do homem. Mas é difícil para o homem se imaginar abaixo da mulher, sob a mulher.

Se sua mente mudar, muitas coisas mudarão, *muitas* coisas. É melhor a mulher ficar em cima, por muitas razões. Pois se a mulher estiver em cima... ela é passiva, ela não vai ser muito violenta; ela simplesmente relaxará. E o homem sob ela não poderá fazer muito – ele terá que relaxar, e isso é bom. Se ele estiver por cima, ele será violento; ele fará muito, e de sua parte nada é necessário a ser feito. Para o Tantra, o homem precisa relaxar, então é bom que a mulher esteja por cima; ela pode relaxar melhor do que qualquer homem. A psicologia feminina é mais passiva, assim o relaxamento vem fácil.

As posições mudarão, mas não se preocupe muito com elas. Primeiro mude sua mente, entregue-se à força da vida, flutue nela. Algumas vezes, se você estiver *realmente* entregue, seu corpo tomará a posição certa, adequada ao momento. Se ambos os parceiros estiverem profundamente entregues, então seus corpos tomarão a postura *certa*, adequada ao momento.

E as situações mudam todos os dias, então não há necessidade de fixá-las de antemão. Este é o erro, o de você tentar fixar. Sempre que você tentar fixar, estará fixando pela mente, e então você não estará se entregando.

Se você se entregar, então deixe que as coisas tomem sua própria forma. E existe uma harmonia maravilhosa – quando ambos parceiros se entregam, eles tomarão muitas posturas ou não as tomarão, e simplesmente relaxarão. Mas isso depende da força da vida, e não da sua decisão cerebral tomada de antemão. Você não precisa decidir nada de antemão! Essa decisão é o problema; mesmo para fazer amor você decide e consulta livros. Existem livros que ensinam como fazer amor. Isso mostra que tipo de mente humana nós produzimos como fazer amor. Então ele se torna cerebral; você pensa em tudo. Realmente, você faz um ensaio na mente e então o encena. Ele é uma cópia, e nunca é real. Você está encenando um ensaio; ele se torna representação e não é autêntico.

Simplesmente se entregue e deixe que a força o conduza. Qual é o medo? Por que ficar com medo? Se você não puder deixar de ter medo com o ser amado, então onde deixará? E uma vez que você tenha a sensação de que a força da vida ajuda a si mesma e toma o caminho *certo* necessário, isso lhe dará uma percepção muito básica de toda a vida, e então você poderá deixar toda a sua vida ao divino. Este é o seu amado.

Você passa a deixar toda a sua vida ao divino, você não pensa, não planeja e não força o futuro de acordo com você. Você simplesmente se permite a penetrar no futuro de acordo com ele, de acordo com a totalidade.

Mas como fazer do ato sexual uma meditação? Ele se torna meditação pela entrega. Não pense a respeito dele – deixe que aconteça. E esteja relaxado, não se mova antecipadamente. Este é um dos problemas básicos da mente: ela sempre se move antecipadamente, ela sempre está procurando o resultado, e o resultado encontra-se no futuro. Assim, você nunca está no ato, e sim sempre no futuro procurando um resultado. Este procurar um resultado perturbará e estragará tudo.

Esteja apenas no ato; esqueça o futuro! Ele virá, e você não precisa se preocupar a respeito. E com suas preocupações você não vai trazê-lo. Ele já está chegando, ele já chegou. Esqueça-se dele e esteja simplesmente aqui e agora.

E o sexo pode se tornar uma profunda percepção no estar aqui e agora. Considero que este seja o único ato que agora restou no qual você pode estar aqui e agora. Você não pode estar no aqui e agora em seu escritório, quando está estudando na faculdade ou em qualquer outro lugar neste mundo moderno. Você pode estar no aqui e agora somente no amor. Mas mesmo aí você não está, e fica a pensar no resultado. E agora, muitos livros modernos criaram muitos problemas novos. Porque você leu um livro de como fazer amor, então fica com medo se o está fazendo certo ou errado. Você lê um livro de como uma postura deve ser feita, do tipo de postura, e então fica com medo se está ou não fazendo a postura certa.

Os psicólogos criaram novas preocupações na mente. Agora eles dizem que o marido deve levar em consideração se sua esposa está ou não tendo orgasmo, e então ele fica preocupado: "Minha esposa está ou não tendo orgasmo?". E esta preocupação não vai ajudar de maneira alguma, e vai se tornar o obstáculo.

E agora a esposa fica preocupada se está ou não ajudando o marido a se relaxar totalmente. Então, ela deve sorrir ou mostrar que está se sentindo muito feliz. Tudo se torna falso! Ambos estão preocupados com o resultado, e em virtude dessa preocupação, esses resultados jamais acontecerão.

Esqueçam-se de tudo. Fluam no momento e deem permissão a seus corpos – eles sabem bem, eles têm sua própria sabedoria. Seus corpos são constituídos de células sexuais, e elas têm um programa embutido e você de modo nenhum é solicitado. Simplesmente deixe por conta do corpo e ele se moverá. Essa entrega completa, esse deixar acontecer, automaticamente criará a meditação.

E se você puder sentir isso no sexo, então saberá de uma coisa: sempre que você puder se entregar, sentirá a mesma coisa. Então, você pode se entregar a um Mestre – este é um relacionamento de amor. Você pode se entregar a um Mestre, e então, enquanto estiver colocando sua cabeça em seus pés, ela ficará vazia e você estará em meditação.

Então, não há necessidade nem mesmo de um Mestre – você pode simplesmente sair e se entregar ao céu. *Você sabe como se entregar, e isso é tudo.* Você pode ir e se entregar a uma árvore... E é por isso que parece tolice, pois não sabemos nos entregar. Vemos uma pessoa – um homem primitivo, um aldeão – ir ao rio, entregar-se ao rio, chamar o rio de "a Mãe", "a Mãe divina", ou se entregar ao sol nascente e o chamar de um grande deus, ou ir a uma árvore e colocar sua cabeça sobre as raízes e se entregar...

Para nós isso se torna supersticioso. Você diz: "Que absurdo você está fazendo? O que a árvore fará? O que o rio fará. Eles não são deuses. E o que é o sol? O sol não é um deus". Qualquer coisa se torna um deus, se você puder se entregar. Assim, sua entrega cria a divindade. Não existe nada divino, mas apenas uma mente que se entrega, a qual cria a divindade.

Entregue-se à sua esposa e ela se torna divina; entregue-se a seu marido e ele se torna divino. A divindade é revelada através da entrega. Entregue-se a uma pedra e agora não existe pedra – a pedra se tornou um estátua viva, uma pessoa.

Portanto, apenas por saber como se entregar... E quando digo "como se entregar", não quero dizer saber a técnica. Quero dizer que você tem uma possibilidade natural de entrega no amor. Entregue-se aí e sinta-o aí. E então, deixe que ele se espalhe por toda a sua vida.

APÊNDICE UM

Copyright© 1977, Osho International Foundation, <www.osho.com/copyrights>

© 2022, Madras Editora Ltda.

Todos os direitos reservados.

Título original em inglês: **Tantra, Spirituality and Sex**.

O conteúdo deste livro são trechos selecionados de *The Book of Secrets*, uma série de palestras dadas por Osho a uma plateia ao vivo. Todas as conversas de Osho foram publicadas na íntegra como livros e também estão disponíveis como gravações de áudio originais. As gravações de áudio e o arquivo de texto completo podem ser encontrados por meio da Biblioteca OSHO on-line em www.osho.com.

OSHO® é uma marca registrada da Osho International Foundation, <www.osho.com/trademarks>.

[Todas as fotos, imagens de Osho ou obras de arte pertencentes ou protegidas pela OIF e fornecidas pela OIF precisam de uma permissão explícita da Osho International Foundation]

Apêndice Um (continuação)

Para mais informações:
<www.OSHO.com>, um *site* multilíngua abrangente, incluindo uma revista, livros do OSHO, palestras do OSHO em formatos de áudio e vídeo, o arquivo de texto *on-line* da Biblioteca OSHO em inglês e hindi, além de uma extensa informação sobre OSHO Meditações. Você também encontrará um calendário dos programas da OSHO Multiversity e informações sobre o OSHO International Meditation Resort.

Sites:
<http://OSHO.com/AllAboutOSHO >
 http://OSHO.com/Resort >
<http://www.youtube.com/OSHOinternational >
<http://www.Twitter.com/OSHO>
<http://www.facebook.com/ páginas / OSHO Internacional>

Para entrar em contato com a OSHO International Foundation:
<www.osho.com/oshointernational>
E-mail: oshointernational@oshointernational.com

Sobre Osho

Osho despreza a categorização. Suas milhares de palestras cobrem tudo sobre a busca individual pelo significado para os problemas sociais e políticos mais urgentes que a sociedade enfrenta hoje. Os livros de Osho não são escritos, e sim são transcritos de gravações de áudio e vídeo de suas palestras de improviso para o público internacional. Como ele diz: "Então lembre-se: tudo o que estou dizendo não é apenas para você ... Eu também falo para as futuras gerações". Osho foi descrito pelo *Sunday Times* em Londres como um dos "Mil Criadores do Século Passado", e pelo autor americano Tom Robbins como "o homem mais perigoso desde Jesus Cristo". O *Sunday Mid-Day* (Índia) elegeu Osho como uma das dez pessoas – juntamente com Gandhi, Nehru e Buda – que mudaram o destino de Índia. Sobre seu próprio trabalho, Osho disse que está ajudando a criar condições para o nascimento de um novo tipo de ser humano. Ele muitas vezes caracteriza esse novo ser humano como "Zorba, o Buda" – capaz de desfrutar os prazeres terrenos de um Zorba, o Grego, e a serenidade silenciosa de um Gautama, o Buda. Percorrer como um fio através de todos os aspectos das palestras e meditações de Osho é uma visão que abrange a sabedoria intemporal de todas as eras passadas e o grande potencial da ciência e tecnologia modernas (e de amanhã). Osho é conhecido por sua contribuição revolucionária à ciência da transformação interior, com uma abordagem de meditação que reconhece o ritmo acelerado da vida contemporânea. Suas meditações ativas OSHO originais são projetadas para liberar primeiro os estresses acumulados do corpo e da mente, de modo que é então mais fácil ter uma experiência de quietude e relaxamento sem pensamento na vida diária.

Duas obras autobiográficas do autor estão disponíveis:

• *Autobiografia de um Místico Espiritualmente Incorreto*, Planeta;

• *Vislumbres de uma Infância Dourada*, Planeta.

SOBRE O RESORT DE MEDITAÇÃO

RESORT INTERNACIONAL DE MEDITAÇÃO OSHO
Localização
Localizado a aproximadamente 160 quilômetros a sudeste de Mumbai, na próspera cidade moderna de Pune, na Índia, o OSHO International Meditation Resort é um destino de férias com um diferencial. O Meditation Resort está espalhado por 28 hectares de jardins espetaculares em uma bela área residencial arborizada.
OSHO Meditações
Um cronograma diário completo de meditações para cada tipo de pessoa inclui métodos tradicionais e revolucionários, particularmente a OSHO Active Meditations™. As meditações ocorrem no maior espaço de meditação do mundo, o auditório OSHO.
OSHO Multiversity
As sessões individuais, os cursos e as oficinas envolvem tudo, desde artes criativas até saúde holística, transformação pessoal, relacionamentos e mudança de vida, transformando a meditação em um estilo de vida para o cotidiano e o trabalho, as ciências esotéricas e a abordagem "Zen" para esportes e recreação. O segredo do sucesso da OSHO Multiversity reside no fato de que todos os seus programas são combinados

com meditação, apoiando a compreensão de que, como seres humanos, somos muito mais do que a soma de nossas partes.

OSHO Basho Spa

O luxuoso Basho Spa oferece natação ao ar livre, em piscina cercada de árvores e plantas tropicais. Há jacuzzi de estilo único e espaçoso, saunas, academia, quadras de tênis... tudo isso é realçado por uma paisagem maravilhosamente linda.

Cozinha

Uma variedade de diferentes tipos de alimentação que servem deliciosas comidas vegetarianas indianas, asiáticas e ocidentais – a maior parte dela é cultivada organicamente especialmente para o Meditation Resort. Pães e bolos são assados na própria padaria do resort.

Vida noturna

Há muitos eventos noturnos para escolher – danças estão no topo da lista! Outras atividades incluem meditações ao luar sob as estrelas, shows de variedades, apresentações musicais e meditações para a vida diária.

Ou você pode simplesmente curtir conhecer pessoas no Plaza Café, ou caminhar na serenidade noturna dos jardins desse ambiente de contos de fadas.

Lojas

Você pode comprar produtos de necessidades básicas e artigos de higiene na Galleria. A OSHO Multimedia Gallery vende uma grande variedade de produtos de mídia OSHO. Há também um banco, uma agência de viagens e um Cyber Café no *campus*. Para aqueles que gostam de fazer compras, a Puna oferece todas as opções, que vão desde produtos tradicionais e étnicos indianos até todas redes de lojas internacionais.

Alojamento

Você pode escolher ficar nos quartos elegantes da OSHO Guest house, ou para estadias mais longas no *campus*, você pode escolher um dos pacotes do programa OSHO Living-In. Além disso, há uma abundante variedade de hotéis e *flats* com serviços disponíveis.

<www.osho.com/meditationresort>
<www.osho.com/guesthouse>
<www.osho.com/livingin>

Cronograma 'A'
OSHO

Para mais informações sobre a Madras Editora,
sua história no mercado editorial
e seu catálogo de títulos publicados:

Entre e cadastre-se no site:

www.madras.com.br

Para mensagens, parcerias, sugestões e dúvidas, mande-nos um e-mail:

marketing@madras.com.br

SAIBA MAIS

Saiba mais sobre nossos lançamentos,
autores e eventos seguindo-nos no facebook e twitter:

@madrased

/madraseditora